Todos los niños pueden ser Einstein

你的孩子也能成为
爱因斯坦

[西班牙]费尔南多·阿尔贝卡 著　金薇 译

上海译文出版社

图书在版编目(CIP)数据

你的孩子也能成为爱因斯坦/(西)阿尔贝卡(Alberca，F.)著;金薇译.
—上海:上海译文出版社,2014.7
ISBN 978-7-5327-6667-3

Ⅰ.①你… Ⅱ.①阿… ②金… Ⅲ.①少年儿童—智
力开发 Ⅳ.①G421

中国版本图书馆CIP数据核字(2014)第099587号

你的孩子也能成为爱因斯坦
〔西班牙〕费尔南多·阿尔贝卡 著 金 薇 译
责任编辑/衷雅琴 装帧设计/PiKA工作室

上海世纪出版股份有限公司
译文出版社出版
网址:www.yiwen.com.cn
上海世纪出版股份有限公司发行中心发行
200001 上海福建中路193号 www.ewen.cc
上海信老印刷厂印刷

开本 890×1240 1/32 印张 8.25 插页 2 字数 82,000
2014年7月第1版 2014年7月第1次印刷

ISBN 978-7-5327-6667-3/G·188
定价:35.00元

献给我的挚友：阿尔贝托·费尔南德斯-马尔托斯。

献给我在西班牙韦尔瓦、卡塞雷斯、萨拉戈萨、阿斯图里亚斯和科尔多瓦的每一位学生。

献给艾娃、胡安，以及编辑安东尼奥·库埃斯塔。

献给我的两个养子：哈维尔和尼古拉斯。

献给我的孩子们。

学习是种体验，其他的一切只是信息而已。

——爱因斯坦

家长们一起来读书（推荐序一）

这是为孩子的父母写的书；我因此想起了另一本书——《好妈妈胜过好老师》，强调的是家庭教育在整个教育中的重要地位。这正是长期以来被严重忽略的中国教育的一个薄弱环节：人们谈起教育，想到的就是学校教育；而很少关心家庭教育和社会教育，这是教育思想和体制上的一个极大偏差。但近年来情况有了变化，随着家长对孩子教育的关心度与参与度的逐渐加强，“家长如何参与教育”就成了一个大问题。我曾经说过：家长教育观念出了问题，参与不得法，就会成为应试教育的社会基础，教育改革的阻力；我接触到的许多优秀教师，都有过因为坚持素质教育而受到部分家长围攻的不愉快的经历。但我同时又认为，即使如此，教师与家长之间仍然存在着共同点：都希望孩子能够健康成长。这就有了相互合作的可能：只要家长接受了正确的教育观念与方法，就自然会成为素质教育的支持者，教育改革的动力。或为阻力，或为动力，取决于家长的教育观念和方法；因此，中国的教育改革发展到今天，如何转变和引导家长的教育观念与方法，就成为一个迫在眉睫的教育课题。也就是说，中国的教育问题需要综合治理，要从学校教育、家庭教育和社会教育三方面协力，才能有效地推进全面教育改革。

而且今天的家长也有接受新的教育观念与方法的需要与可能。我注意到学生家长结构的变化：如果说前些年的家长，多是“文革”知识青年那一代，他们希望在孩子身上实现自己的未竟理想，因而有“望子成龙”的强烈愿望；那么，今天的家长，大都成长于“文革”后的八九十年代，有较开阔的国际视野，他们本身就具有或者能够接受现代教育理念，只是苦于找不到合适的方法，他们对当下中国应试教育的状况多有不满，但不知如何应对，有的就由逐渐适应而主动迎合，也就成了应试教育的社会基础，但多是被动的，也就有转变的可能。

转变家长的教育理念与方法，既有教育改革发展的客观需要，又有了家长自身的需要与可能；问题是：应该从何入手?

我的主张是：从读书开始。这些年来，我一直在鼓吹和支持中国教育界的读书活动，以为这是促进中国教育改革的一个最佳抓手：不仅要提倡教师读书、学生读书，还要鼓励家长读书；不仅个人阅读，还可以组织读书会，大家一起读书。

读什么书? 除了一般的人文、科学、教育图书之外，还应该读专门谈家庭教育的书。这就说到了与本书直接相关的话题：高质量的家庭教育图书的编写与出版。这又是中国教育界与出版界的一个迫在眉睫的任务。在这方面，已经有了很好的开始。前面提及的《好妈妈胜过好老师》（作者尹建莉）受到家长的欢迎不是偶然的，因为作者提供的是自己的家庭教育实践经验，家长会感到亲切，并具有可操作性。除总结中国的教育经验以外，我觉得，引入外国教育经验也是一个重要途径。我们生活在一个全球化的时代，随着中国经济与社会的发展，我们孩子的成长环境与所遇到的问题，常常是与世界其他国家同步或相似的，这就有了相互借鉴的更大需要与可能。在我看来，西班牙作家、教育家费尔南多所写的这本《你的孩子也能成为爱因斯坦》一书，就是这种大可以借鉴的作品，因而是非常及时的可供家长阅读的书：它从总结爱因斯坦从一个“成绩平平”的中学生成为世界一流大科学家的成长经验入手，提出了极富启发性的教育理念与建立在科学实验基础上的教育方法，提供了许多可以深入讨论的家庭教育话题。

这里，仅简单谈谈我的阅读体会，以供家长读者进一步阅读与讨论时参考。

首先要讨论的是，如何理解本书所提出的“所有的孩子都能成为爱因斯坦”的命题。对此，本书附录的“爱因斯坦名言集锦”里，其实已经有了一个回答：“不要努力成为一个成功者，要努力成为一个有价值的人。”这里说得很清楚：不是要所有的孩子都成为“成功人士”，而是要以“成为一个有价值的人”作为教育、培养孩子的目标；因此，“成为爱因斯坦”，应该关心与追求的，不是笼罩在爱因斯坦头上的“成功”的光环，而是体现在爱因斯坦身上的“价值”观念与相应的人的基本素质。于是，就会注意到，作者在描述还是个“慢人半拍”的“迟钝”的孩子的爱因斯坦时，特意介绍了他的某些潜在的素质，例如，“乐于思索”，“渐渐养成了对听来的话思忖存疑的习惯”；富有“想象力”；“一方面学会自立，另一方面知道如何处理人与人之间的关系”，等等。这些潜质在他所受的教育里得到了很好的培育，成为他的内在价值，在一定的机遇下，得到了发挥，成就了举世瞩目的“天才物理学家”的爱因斯坦。在“爱因斯坦名言集锦”里，有一句话，或许可以看作是对他自己成长经验的总结：“教育就是忘记了在学校所学的一切之后剩下的东西。”这里所说的最终要“忘记”的，是指在学校所学的具体知识与技巧；要“剩下”并终生受益的，是具体知识背后的人的基本信念与素质。这其实是可以用我们自己的经验来证实的：当我们回忆起中小学老师，甚至大学老师时，他们当年传授的具体知识早已忘记了，但老师在精神上的指引，情操、人格上的影响，对自己素质的培育，却成了永恒的记忆和无形、无价的财富。这都说明，教育（无论是学校教育，还是家庭教育、社会教育）中最重要的是知识背后的精神与素质；现在的教育，把应试知识的死记硬背作为对学生、子女的唯一要求，是根本上违背教育的本意与常识的。考完了，知识全部忘记了（这是迟早的事），就什么也不剩下了。把孩子训练成考试机器，这大概也是违背每一个家长的初衷的吧？

那么，教育所应培育的关乎学生和子女终生健康成长，老师与家长应特别注意的基本素质，又是什么呢？这正是本书讨论的重点，构成了贯穿全书的基本教育观念。作者有许多精彩的论述，这里仅摘抄我最感兴趣的几点——

“想象力比知识更重要”；

“挑起孩子的好奇心与求知欲”，“将好奇之风吹进课堂”；

“兴趣是最好的老师”，要引导孩子“找到获取知识的满足感，自发形成更进一步学习的动力”；

“创造力的训练，是人生中一门不可或缺的必修课”，“拥有创造力可以使孩子不再一味地以结果为导向，而是试着去品尝探索的过程，结果固然重要，但那毕竟不是全部”。要注意“激发孩子的创造潜能”，引导孩子“从尚无定论的问题入手”，“对孩子由已知推出未知、找到解决办法的成就给予肯定（但不要靠物质作为奖励），鼓励他们勇于探索未知世界的精神”；

“要尽早开始培养和鼓励孩子的独立思考和独立行动能力”，“放手让其独立完成任务，即使他会疑惑，会犯错误”；

用一切办法帮助孩子“集中注意力”；

“建议提早进行阅读教育”，“开发孩子的语音潜能”；

“尽可能使孩子的七种感官获得均衡发展：嗅觉、视觉、触觉、听觉、味觉、平衡感和内部触觉（即感知身体内部痛处的感觉）”。

在我看来，这里提及的“想象力”、“好奇心”、“求知欲”、“兴趣”、“创造力”、“独立思考、行动力”、“注意力”、“均衡发展”等，都是家庭教育与学校教育的关键词，是每一个教师与家长都必须认真对待与把握的。

接着的问题是，这样的素质，是每一个孩子都能具有的吗？这是前述“所有的孩子都能成为爱因斯坦”命题必须回答的问题，也是本书论述的另一个重点。而本书的创造性，正是在于作者充分运用了脑科学的研究成果，告诉我们：人的“智力”就是“用智慧的方式发现和解决问题的能力”；而“所有的人在面对问题时都拥有无限潜能”。这是因为“每个孩子的大脑都有如一座与生俱来的神秘宝藏，这足以让他们面对人生路上种种磨砺与起伏”；而“大脑拥有的潜能超乎你我的想象”。这是最让我感到振奋的：“统计表明，由于受外部条件和主观能动性所限，一生当中我们的大脑利用率不足20%，其余80%都处于休眠状态。”这个事实，也就为我们的教育提供了一个极为广阔的基础与可能性：每一个孩子的“处于休眠状态”的大脑都有待我们去开发和利用。我们的“所有的孩子都能成为爱因斯坦”的信念、信心，就建立在这样的每一个孩子的大脑和智力的远未被利用的潜力基础上的。

这也同时提出了：关键还在于“外部条件”的创造与教育者（老

师、家长、社会教育力量）的“主观能动性”的发挥。于是就有了与每一个家长读者直接相关的命题——

“开发孩子智力潜能的大权，掌握在父母、亲戚朋友和老师们的手中（在某些情况下，环境也起着不可替代的作用）”。

“应该把如何更好地开发（孩子）大脑潜力作为（教育）的关注点”。

这才是我们的阅读与讨论的最后归结点：作为家长，我们如何科学地“开发孩子的智力潜能”？

首先要注意的是作者的一个提醒：“不要将孩子看成实现自己人生理想的工具。他们的发展方向也许会与家长的愿望吻合，也许不会，得让他们活出自己的人生，自由选择，勇往直前。”也就是说，开发孩子的大脑潜力的目的，是要让孩子“活出自己的人生”。家长的责任，只在开发与引导，“剩下的路一定要留给孩子自己去走”。

这里又有几条教育原则——

“父母和老师的信任是孩子动力的源泉”。“必须激发孩子的内在动力，因为自控更根本、更直接，无疑也更持久”，“所有的孩子都渴望自强自信，同时也希望对自己重要的人信任自己，相信自己能够做到”。“内心的自我激励相当重要”，“尽可能了解孩子的内心诉求，在他们最需要帮助的时候拉他们一把”；

“如果我们能够激发孩子们做强者的责任感，让他们在泥淖里摸爬滚打，自由地去追寻想要的东西，效果将远远好于直接向他们下达命令”；

“每个人都是独一无二的，我们应该因材施教，根据每个孩子自身不同的特点，设身处地与他们换位思考”；

“永远让孩子拥有自己的闲暇时间”。

这都是极富启发性的。

当然，也还有具有操作性的教育手段与技巧。这也是本书的一个重要内容，提供了如何有效率地激发孩子的智慧，通过简单又正常的行动以及实际的练习题来提升他们的智力的方法。家长读者自会去试验，这里就不多说了。

从根本上说，读家庭教育书是为了指导家庭教育实践。因此，在读书、思考、讨论以后，还有一个行动的环节，这就更需要每一位家长读者的智慧了。实际上，家长在开发孩子的大脑潜力的同时，也在开发自己的智力：这大概就是我们通常所说的“家长和孩子共同成长”吧。

北京大学教授　　钱理群

2014 年 6 月 8 日

每个孩子都有成为天才的潜力（推荐序二）

我们培养孩子的目的并不是希望他们个个都成为爱因斯坦，但是我们作为父母和老师，肯定是很希望孩子长大后能够成为一个富有创新精神的成功者。《你的孩子也能成为爱因斯坦》这本书正是冲着这点而来，它在西方近十个国家深受广大读者欢迎，特别是年轻的爸爸妈妈们。

孩子的培养有四个方面最为重要：品行、知识、能力和体魄。所有的孩子都有潜力可以成为天才，不论是“乖巧的”还是“调皮的”学生，也不论是“先进的”还是“后进的”学生，关键问题是要去激发他们的智慧，发展他们的潜力，释放他们的创新能力。

《你的孩子也能成为爱因斯坦》书中谈到，有些孩子的劲儿好像怎么也使不到正道上，与小爱因斯坦一样，经常徘徊在失败的边缘，不过关键时刻也总能奇迹般地化险为夷。小时候，爱因斯坦总显得“慢人半拍”。然而他的“迟钝”却让他有更深刻的思考余地。小爱因斯坦是一个孤独的幻想家，经常通过奇思妙想来打发时间，或者一个人搭搭积木，他把独处当作一种享受。他小时候就拉小提琴，沉浸在“倾听、弹奏、爱、敬仰、沉默”之中。从小养成了善于提出问题、善于思索问题的习惯，这正是爱因斯坦成才的重要内在因素。同时，他的成长也得到师长们的循循诱导，他遇到了赏识他的数学天赋的老师，他又有机会得到一大堆科普书籍供他阅读，由此打开了通往科学的大门。师长的引导，以及科普书籍的环境也正是小爱因斯坦成才的重要外部因素。

一个小时候看起来平庸的学生，怎么样变成极其富有创造力的成功者呢？ 本书作者告诉我们，爱因斯坦到 7 岁的时候还没开始阅读，他申请大学时非常困难，他的博士论文被认为很“平庸”……但是，他最后成为了全世界最出色的科学家之一。像爱因斯坦、爱迪生、丘吉尔、毕加索以及乔布斯等都一度被认为是“坏学生”，最终却成为举世瞩目的天才。作者分析了爱因斯坦成为天才的人生轨迹，拿爱因斯坦当样板分析了天才的成才因素；讨论了智商、大脑、记忆、思考、笔记、学习动机、学习态度、学习心态，以及如何应对学习程序中的重要环节等问题；解释了如何有效率地激发孩子的智慧，如何通过简单的步骤以及实际的练习来提升他们的智商。可以说，这本书非常能启发家长们和教育工作者们思考。

当然，教育的最高境界是把孩子培养成普通而幸福的劳动者。天才来自普通，天才来自勤奋，把孩子培养成为品行优良、拥有知识、具备能力、体魄健康的普通劳动者，或许天才就在其中产生。社会需要天才，社会还需要更多的具备不同能力的劳动者，他们都将是普通的幸福的劳动者。

《你的孩子也能成为爱因斯坦》这本书的作者是西班牙著名教育专家费尔南多·阿尔贝卡，他曾经在西班牙许多学校任教，还为各大报纸撰写育幼专栏。这本书在亚马逊西班牙教育类和 Nielsen 非文学类图书排行榜上均位列第一位，在西班牙已售出 45 000 册，目前已印至 12 刷，造成了轰动，是西班牙最畅销的非文学类图书之一。

这本书的中国版翻译发行很有意义。特别是在目前功利主义渗透到教育领域的情况下，如何回归教育的本质，读一读这部发人深省的作品，会很受启发。

中国科学院院士

2014 年 6 月 18 日

目录

1

成绩平平的 小爱因斯坦

阿尔伯特·爱因斯坦：20世纪公认的科学巨人，人类史上最负盛名的天才物理学家之一。塞萨尔·农贝拉[1]说，爱因斯坦构建出的相对论是物理界千古以来最伟大的定律——塞萨尔先生可不会随随便便夸人啊。

爱因斯坦发现，自然界遵循一定的客观规律运作，它不因被观测者忽略（即人类观测中的局限性）而发生改变。他想象出一幅时空扭曲的景象，构成了对现实世界的全新诠释。这项令人赞叹的发现，拓展了人类的时空观，也彻底修正了牛顿物理体系——而所有这些发现，却是在社会矛盾尖锐、两次世界大战间条件极端有限的时期做出的；因为，爱因斯坦远不只是一位诺贝尔物理学奖获得者，他见别人所未见，成功解开了困扰人类多年的谜团。

我们每个人身边，都有这样的孩子：在现有的教育体制下，他们的劲儿好像怎么也使不到正道上。与小爱因斯坦一样，这些孩子仿佛始终徘徊在失败边缘，不过关键时刻也总能奇迹般地化险为夷。实际上，有一句话爱因斯坦常挂在嘴边，上帝不会掷骰子②。

小时候，爱因斯坦总显得“慢人半拍”。不过，他反倒很“感谢”自己的迟钝，不然恐怕永远也抛不出“相对论”这样漂亮的理论来：

“成年人对时空问题并不会十分留意，他们自认为该知道的早在孩童启蒙时期就已经学过啦。而我呢，恰恰相反，我的成长经历相对缓慢得多，所以直到成年后我才开始思考这些问题。”

小爱因斯坦降生时，母亲仔细打量着他，觉着他有些畸形——的确，他看上去后脑勺巨大，而且形状古怪；他的智力发育也相当迟缓，很晚才开口说话。不过，这个胖墩墩、乐于思索的孩子，这个忧郁、沉静寡言的孩子，随着时间的推移，渐渐养成了对听来的话思忖存疑的

---

① 塞萨尔·农贝拉（1946— ），西班牙微生物学领域专家，1996 年至 2000 年担任西班牙最高科研理事会主席。——译者

② “上帝不会掷骰子”是爱因斯坦的名言，也是他的观点的浓缩。他恪守“因果律”，认为自然法则中不存在随机性。——译者

习惯。

他的父亲，与同时期的许多家长一样，受家庭经济条件所限没有上过学。他生性谦卑，温和平静，长着浓密的大胡子（想想爱因斯坦成年后的胡子吧），生意上却连连受挫。不过，好在他是个精神上的乐天派，主张随遇而安。此外，他有一颗宽大的心，因而人缘很好。他还是个幻想家，也难怪爱因斯坦的想象力如此惊人。他的妻子，也就是爱因斯坦的生母，出自一户优裕富庶的家庭。在她眼里，丈夫是一个对生意精心打理，却屡遭失败的人，接二连三的经济难堪令她无法忍受。

小爱因斯坦4周岁的时候，母亲将他故意“遗弃”在慕尼黑最为繁华的街道中央，看他能否独自回家（这样的事之后还发生过好几次）。

5岁时，他们找来一位家庭教师，想使他达到小学二年级学生的水平。这位家庭教师极为严苛，对小爱因斯坦绞尽脑汁想出的各类借口充耳不闻。

实际上，上述两个例子——将年仅4岁的爱因斯坦“遗弃”在慕尼黑繁华的街道中央，让他独自找寻回家的路；请家庭教师陪他完成每日功课——是相辅相成的。他们要求他一方面学会自立，另一方面知道如何处理人与人之间的关系：给予他自由——能够自主选择回家的路，同时让他学会服从——坚决完成家庭教师布置的每项任务。

爱因斯坦说，年少时的自己是一个孤独的幻想家，身边没什么朋友。在别的孩子嬉戏打闹的时候，他却喜欢通过奇思妙想来打发时间，或者一个人搭搭积木——他将独处视为一种享受。

他脾气暴躁，直到上大学也没什么改观。其余时候，他非常安静，保姆甚至给他取了个“无聊伯伯”的绰号。

直到9岁，小爱因斯坦还不能流利地表达。他在心里默默酝酿着一些事，从不与人交流——当然，除了发脾气的时候。幸而，他的母亲是位钢琴家。在音乐世界中他找到了为数不多的、能够释放自己情感的方式。爱因斯坦选择拉小提琴。他从来都称不上一个杰出的小提琴手，但他始终坚持练习，直到小提琴成为他最忠实的伙伴。通过拉琴，他思考、解决难题，躲开纷扰的世事……他从来不提自己对小提琴的爱好，也不提拉琴时在想什么。他说，自己对音乐的爱可以总结为5个词：倾听，弹奏，爱，敬仰，沉默。

7岁时，小爱因斯坦要上学了——他成了学校里唯一的犹太学生。据他留下的资料，在学校里，他的同学们（而非老师）表现出了强烈的排犹倾向。很多次，他在上学途中忍受着针对自己犹太人身份的不公正对待，他们攻击他、嘲笑他。

关于爱因斯坦的少年时代，他的姐姐玛亚写道：

“那个时候，他的数学天赋还没有充分展现。甚至在算术里，他也并没有表现出那种快速和精准，即便他的确很用功。”

9 岁时，他进入路易博德文理中学[1]继续学业。这里的学习生活，令小爱因斯坦苦不堪言。学校约有 1 130 名学生，成天训练他们服从权威，“填鸭式”的教育枯燥无趣。而且在这里，他同样没能找到立身之处。希腊语老师甚至直言，阿尔伯特永远也成不了大器（他还真是“一语成名”呢），并且不无讥讽地说，他目中无人的态度是自毁性的，不如早点辍学回家算了。

尽管从数学老师那里，小爱因斯坦得到了一些鼓励，但他在那段时间里获取的知识却主要源自课外。他有一群致力于电信通讯、电子技术的亲戚，这类科技在当时刚刚兴起。他的叔叔毕业于理工院校。他带领小爱因斯坦进入几何学和代数学的殿堂：在他的教导下，猎杀未知数 x 成了一场愉快的游戏。

阅读通俗科学读物也使他受益匪浅。这些书是一个叫马克斯·塔尔梅的医科大学生留给他的——这名学生十分贫穷，也是个犹太人，受着爱因斯坦父母的接济。在 10 到 15 岁的这 5 年中，爱因斯坦得到机会，可以每周就一些科学思维辩题与这位大学生进行辩论。在这些课外书中，最让他着迷的，就是那股宇宙间无形而强大的力量，那股不可思议的力量。

之后，他们举家迁往意大利。为了不中断学业，家人把他独自一

---

① 路易博德文理中学，校址此后几番变迁，1965 年更名为阿尔伯特·爱因斯坦文理中学。——译者

人留在慕尼黑的公寓。那时，爱因斯坦年仅 15 岁。在父母眼里，完成学业显然比将儿子留在身边重要得多。

从伪造诊断书到放弃学业

出人意料的是，小爱因斯坦没有去参加结业考试，而是选择了辍学。为了逃避老师的追问，他伪造了一份诊断书，谎称自己罹患了精神疾病—— 一位“善解人意的”医生朋友帮了他这个小忙。事实上，他因亲人不在身边而万分沮丧。

步入学业低谷

身为父母，眼见儿子在求学路上竟然发生如此大的变化，震惊过后不免担心。为了抚慰他们的情绪，爱因斯坦决定尝试进入瑞士苏黎世联邦理工学院（即现在广为人知的 ETH），成为一名电机工程人员。他个人倾向于学习一门理论性更强的专业，但是父亲叫他趁早忘掉那些哲理兮兮的蠢东西，以便谋求一份更加理性的职业。小爱因斯坦无奈地让步了。

母亲通过一位朋友的关系，让他参加了这所学校的入学考试。如果爱因斯坦顺利通过考试，那么他的人生或许会进入正轨……只可惜他没有。

人生第一个关键点

在回答通识性问题时，小爱因斯坦的成绩相当糟糕。不过，因数学成绩出众，海因里希 · 韦伯老师邀请他来自己的课堂旁听。他终于遇到了一位赏识自己的老师!

另一方面，爱因斯坦只好在瑞士阿劳州立中学登记入学。他选择了理科方向，学校距离苏黎世约 20 英里远。

又一次，他不得不与父母分居两地。但是这一次，小爱因斯坦经历了人生第一个关键点——他幸运地寄居在了一户温暖的家庭，得到了渴望已久的关怀。

最重要的一步

求学期间，小爱因斯坦寄宿在一位名叫约斯特 · 温特勒的老师家里。他平日在学校教授历史和希腊语（这不是爱因斯坦的学科方向）。约斯特和妻子保利娜常常邀请学生来家里做客。他们待爱因斯坦如同家人，对他悉心关怀照料，这使年幼的爱因斯坦对这家人怀有深厚的感情。事实上，他的第一任妻子就是约斯特和保利娜的女儿——玛丽·温特勒。这是爱因斯坦生命中最难忘的美好时光。

与爱因斯坦的生父一样，约斯特是个沉默而善良的人。在他的启发下，小爱因斯坦学会了用一种全新的、更加人性化的视角去看世界。约斯特为人正直，他无法接受校方某些有违道德的作为，而校方竟不顾他校领导的身份，将其强行劝退。这件事使小爱因斯坦打心眼里对他更加崇敬。

保利娜则比小爱因斯坦的生母亲切得多，待他也更加宽容和真挚。小爱因斯坦直接称呼她妈妈。在离开这所房子多年以后，他还一直能收到她寄来的热情洋溢、母爱满满的信件。许许多多个圣诞夜，爱因斯坦都选择陪伴他们一家人度过。

阿劳州立中学的同伴们都觉得，小爱因斯坦孤僻、任性，不爱与人来往。他的朋友汉斯·比兰德后来回忆道：

“他是个很矛盾的人，像是用带刺的外壳保护着自己深沉脆弱的内心世界。”

选对学校的重要性

阿劳州立中学以其自由开放的教学体系和先进的教育教学方法闻名于世。在这里，小爱因斯坦终于重拾信心。

之前慕尼黑的学校严厉、霸道、专制，要求孩子们绝对服从权威。而在这里，教育方式更加人性化，学校注重培养学生独立思考和独立判断的能力。孩子们被看作独立的个体，他们充满活力，感到自己独一无二、无可复制。

也正是在这里，小爱因斯坦立志成为数学和物理老师；尤其致力于，用他自己的话说，理论方面的科学研究。

2

像爱因斯坦那样，打场漂亮的翻身仗

不仅智力发育迟缓，小爱因斯坦沉静寡言，在同龄孩子中并不出众。在学校里，他既没有漂亮的成绩，也不乖巧听话，老师听到他的名字就直摇头。他曾被劝退回家。在大家都认为“他不是个好学生”时，他仍然抱着进入苏黎世联邦理工学院的决心（却最终名落孙山）。在瑞士，因为扁平足、汗脚及腿部静脉曲张的缘故，他连服兵役的要求都没有达到。在伯尔尼专利局的工作中，他一直默默无闻……看啊，在爱因斯坦成为我们熟知的那个他之前，他的生活竟然是这样一副模样。

大部分人也许会就此止步不前。爱因斯坦原本可能成为又一个失败者，他原本可能在那间专利局的办公室里终此一生。想想看，如果果真如此，对于整个人类将是个多么大的损失！

在今天的学校里，看到如此多怀才怀志的孩子（无论成绩好坏）没有发掘出自己最耀眼的一面，总令人感到惋惜。他们本可以成就一番大事业。

人们常说，只有最优秀的那一小拨人能够攀登到人生的顶峰——但9岁时的爱因斯坦和日后照亮科学界的他，难道不是同一个人吗？后来的他，难道不也跻身最伟大的科学家之列吗？

如今，很多孩子和青年人在入学或毕业时，身上已具备相当惊人的潜能——就像小爱因斯坦那样。一些人在学校里成绩平平，如果没人点醒他们的话，这辈子也许就一直这么平庸地过下去。

在学校里，小爱因斯坦的成绩不尽如人意。我们说，日后的他才被冠以“天才”的美名。老师说他“实在笨得可以”。同学们都嘲笑他。他被劝退。直到后来，发生了一些改变他命运的事，使他一举成为20世纪最杰出的科学家。

究竟发生了什么？

1. 他遇到一位赏识他数学天赋的老师。在小爱因斯坦没有通过入学考试的情况下，邀请他来自己的课堂旁听。

2. 一位受爱因斯坦父亲恩惠的医学院大学生，留给爱因斯坦一大堆科普书籍供他阅读。小爱因斯坦如获至宝，由此打开了一扇通往科学的大门。

3. 小爱因斯坦有幸寄宿在一户温暖和善的家庭。他们爱他、关心他，对他视如己出，教会他勇敢地追寻“真善美”，做一个正直、出色的人。

4. 后来，小爱因斯坦进入了一所人性化教学的学校，这里没有命令与服从，这使他得以在一个相对宽松的环境中学习、成长。

5. 他找到了人生中的知己。在与爱人分享甜蜜的同时，他感受到一种需要将研究进行到底的冲动，不达成功决不放弃。

不难看出，是遇到合适的人、适当的激励、积极的动机、满满的自信和关爱共同造就了后来的爱因斯坦。而此前，一切都正好相反：小爱因斯坦的生活是一团糟，他只是家中母亲的又一个孩子罢了。他从未享受到正常孩子应得的疼爱，也从未有人教会他如何去爱人。

世界上存在着千千万万个“小爱因斯坦”。在从业过程中，我就曾遇到过许许多多这样的孩子。写这本书的目的，在于告诉那些自认为失败的孩子们，通过实实在在的努力，你极有可能变成你想要成为的那个人。

如果说，爱因斯坦出生时命途坎坷，后来方渐入佳境，那么正在读这本书的你，现状或许比他还要好一些，为什么不尝试着做出点改变呢?

所有的孩子都可以成为爱因斯坦，只要你能够像小爱因斯坦那样，做一个善于自我激励的人，将汩汩不绝的力量拧成一股绳，直至到达成功的彼岸。

爱因斯坦的“翻身仗”，他的所有诺贝尔奖成就，均建立于一项又一项正能量的接力：爱，自我激励，自信，有力的动机。一个不多，一个不少。

3

谁说智商天注定?

我们都知道，人类的智慧是其他动物无法比拟的。但是，生活中我们对大脑的使用率远没有达到100%。在实际运作时，大脑仍具有巨大的发展潜力，亟待开发。

我们常常听人说起“智商值”(IQ)这个概念。实际上，脑袋灵不灵光绝不应该被智商值一棒子敲死。试想，假如一个孩子因为IQ值不高，还没尝试就先打退堂鼓，说“干不了，干不了”，他还能成功吗?但如果反过来，如果他能够不断从正面激励自己，他的成绩将使所有人、包括他自己大吃一惊。因为人类，我们所有人——尤其是身强体健的人——都拥有无限的后天潜力哦。

我们拥有的能力足可以克服生活中遇到的一切困难。为此，我们需要有足够的动机、适当的激励和一颗渴望成功的心。要想解决问题，就得主动迈出脚步向答案靠近。

何为智力？

大体上说，我们可以将智力定义为：用智慧的方式发现和解决问题的能力。

评判一个人智力的高低，不在于他能做多少事，而要看他在面对未知事物的反应和行动。

智力：先天遗传还是后天养成？

从内在来看，说基因决定智商并没有错，因为如果没有一系列起决定作用的基因，智慧根本无处依附。但如果从更加实际的角度，以发展的角度来看，我们所定义的智商或智力，由于受外界环境和主体因素影响，都应被视为后天养成。

在人类智力的发育过程中，遗传基因并非关键所在。要知道，智商值在人的一生中保持动态平衡；而如果我们不断吸收新知识的话，持续刺激会使智力“砰砰”地向上攀升。因此，提高智力水平的关键不在于生来基因如何，而在于后天如何充分加以利用。从这个意义上来说，智力是可以通过后天培养得到提升的。

警惕：智力发育的 8 大误区

我们身边常常存在一些认识误区，有些误区深入人心，在一定程度上甚至阻碍了我们智力的正常发育。较为常见的有：

——误区 1：一个人聪明与否，在生下来的那一刻就已经决定。此后无论外界环境或个人主观意愿都无法改变这一事实。

——误区 2：人的一生中，智力水平不会发生任何改变。

——误区 3：人类的智力水平在某个年龄段达到峰值（这个峰值点在 18 岁前后出现），此后便一路下滑。

——误区 4：从某个年龄段开始，伴随着年龄的增长，脑细胞大量阵亡，智力会跟着“缩水”。

——误区 5：孩子从生下来的那一刻起，就注定今后更适宜学习文科还是理科。也就是说，孩子们拥有不同的学习能力倾向，这种倾向完全由基因决定。

——误区 6：学习成绩好坏是智力水平高低的结果。实际情况恰好相反：智力水平的高低，很大程度上取决于所受教育和学习的程度。

——误区 7：要想使孩子聪慧过人，必须充分利用某个有利的年龄段（这个阶段被一些人称作“敏感期”）。从普遍意义上来说，这也是个误区。

——误区 8：学习成绩的好坏与智商高低成正比，智商越高者成绩越好。

让我们一个一个来看：

■“聪明与否与生俱来”论

错误。

当孩子受客观环境严重影响（如长期挨饿、头部创伤、分娩后遗症或其他原因）时，智力发展会略慢于常人。此外，基因类缺陷也会引起智力发展缓慢（如唐氏综合征、特纳氏综合征等）。但即使在这样的情况下，通过自我激励和后天努力，他们也可能显出优于常人的智力水平，能够独立解决复杂的问题、渐入学习佳境，直至做到与正常孩子一样出色。

事实证明，大脑拥有的潜能超乎你我的想象。

每个孩子的大脑都有如一座与生俱来的神秘宝藏，这足以让他们面对人生路上种种磨砺与起伏。

统计表明，由于受外部条件和主观能动性所限，一生当中我们的大脑利用率不足20%，其余80%都处于休眠状态。

实际上，单就智力来说，远古“智人”①与21世纪的我们并无二致——当然，我们在合理利用大脑方面更胜一筹。

智力是越磨越利的，适应环境和解决问题的能力也会伴随着实践经验的增长而得到提升。

开发孩子智力潜能的大权，掌握在父母、亲戚朋友和老师们的手中（在某些情况下，外界环境也起着不可替代的作用）。

——父母：要重视早教的作用，并培养孩子良好的自我激励能力。

——学校老师：学龄阶段，在父母的配合下，帮助孩子打好扎实的知识根基，巩固已学的基础知识。

——外界环境：在条件允许的情况下，尽可能给孩子创造一个良好的学习环境，寓教于乐。

——孩子自身：充分调动积极性，配合父母和老师，以饱满的热情投入学习。你会发现，不知不觉间，自己真的会越变越聪明。

■“一生智力水平恒定不变”论

错误。

---

① 智人，Homo sapiens，原为拉丁文，意为“聪明的人”。——译者

事实上，情况恰恰相反，智力水平随着年龄的增长、知识经验的积累，是会发生波动的。相对恒定的是智商值，但智力水平会随着知识积累逐步提高。

■“智力在 18 岁到达巅峰，之后便停滞不前”论

智力会随着神经元之间新联系的建立而不断扩展。不同年龄段的人，都可以通过接收新信息为大脑创建新的神经通道，从而拓展知识面，变得更聪明。

另一点需要注意的是，如果不能做到经常复习回顾，涌入大脑的新信息越多，之前存储的记忆就越容易被遗忘。

■“从某个年龄段开始，由于神经元不断阵亡，智力水平开始下降”论

随着年龄增长阵亡的神经元，与仍然坚守岗位的那部分比起来简直微不足道。此外，大脑中总是源源不断地有新的神经元等待被激活。

大脑功能的衰退，与不爱动脑有关，说大脑丧失潜力是没有事实根据的。

■ “孩子从出生开始，就注定学习文科或理科”论

错误。

要知道，大脑的潜能远远超出我们的想象，任何一个孩子都完全能够胜任任何一门学科。

学科专业的倾向性，从大脑结构上来看，取决于左右半脑的使用倾向——后者取决于孩子从小接受的教育和实践经验的积累。

■ “成绩差是因为孩子笨”论

错误。

无论我们的大脑已经接受了多少知识，仍有相当大一部分处于待开发状态。

成绩不理想，是由于大脑与生俱来的潜质没有得到充分有效的利用，或者还没有摸索到合适的开发方法。聪明的孩子也可能成绩不理想，不是吗？

■ “孩子幼年时期的智力发育应得到更多重视”论

诚然，孩子在 5 岁之前能吸收更多的知识——任何门类的知识。但这并不意味着，5 岁之后的智力发育就不重要、起不到决定性作用了。

■ “关键性阶段”论

“关键性阶段”（也称作“敏感期”），是实实在在存在的，并且应当得到我们足够的重视。只是，如果一味抱着“阶段论”，将极不利于孩子今后智力的发育。

知识的积累和对事物的理解，与其说与某个特定年龄段有关，倒不如说与此前学习中打下的基础密切相关。

■ “成绩好坏是智力水平高低的结果”论

少了大脑的反馈，我们不可能学到任何知识。不过，作为遗传赋予我们的重要特质，后天的智力仍具有极大的挖掘潜力。

事实上，恰好相反，智力水平的高低，取决于所受教育和学习的程度。并不是因为孩子聪明所以学得进去，而是因为不断学习，孩子才会变得越来越聪明。

误区小结

通过上面的解释，我们可以得出结论：应该把如何更好地开发大脑潜力作为关注点——因为大脑尚有大量有待利用的空间——而非死死纠结于所谓的“基因决定论”。

没有坚持不懈的努力作浇灌，人脑的可用率会大大降低，使智力远远达不到应有的水平。因此，我们说，那些天赋异禀的人，那些生来就比常人聪明许多的人，放眼整个世界也屈指可数。而很多天才、智者、学问家，那些拥有过人大脑、解决人类谜题、推动社会进步的伟人，原本也“资质平平”，是通过努力实践和总结走到了他们今天的位置。

举例来说，一个发育正常的孩子，如果没有人在一旁不断鼓励和耐心指导，他能够学会开口说话吗?

家庭和学校在孩子智力发育中起到的作用

在后面的章节中，我们将逐步具体探讨如何探索、发掘孩子的智力潜能。现在，我们需要首先记住一点大前提：孩子们表现出来的对待学业的态度，家长和老师要时刻保持关注。

——家长和老师要多从积极的方面去鼓励和引导孩子。做到这一点并不容易，但却很有用。想想小爱因斯坦的例子吧。

——当孩子还处于自我蒙昧状态时，如果我们能适时地给予鼓励，告诉他我们认为他很棒，孩子会越来越灵光。要知道，绝大多数人实际上都很聪明，他们需要通过实践不断地进行探索和自我验证。

——帮助孩子在心中建立积极的自我形象。

——倘若孩子已经形成了消极的自我定位，应试着从其他方面给予鼓励（譬如说，孩子考试成绩不理想，我们可以在别人面前夸夸他学习的那股认真劲儿；或者安慰他，别的孩子比他付出了1倍多的复习时间，成绩也没有比他高很多，这说明他学习效率还不错；或者赞扬孩子在某门课某个特殊方面的突出表现，等等）。

——让孩子尽可能独立地解决身边发生的问题。有些家长和老师往往习惯挡在前面，甚至连孩子尝试的机会也不给，这是相当不明智的。要引导孩子开动脑筋，充分运用手边资源，不去依赖身边成年人的帮助，而是靠自己的思考和直觉解开难题（当然，一切以保证孩子的身心安全为大前提）。

——当孩子树立起“什么事都可以靠父母（老师）”的观念时，大脑会告诉他“这是一条捷径”，通过向成年人撒娇、向同学要答案、抄袭参考书等方式可以抄近路完成任务。一旦他采取了这种看似省事的方法，就等同于放弃了一次独立思考的机会——这本可以使他在下次遇到问题时触类旁通，稳固更新现有知识结构，从而形成一张更强大的脑部知识网。经常主动自己探求答案的孩子，会变得越来越自信——这也是成为好学生、建立积极的自我形象和健全人格的必由之路。并不是说家长和老师不能在学业上帮助孩子，他们应该陪在孩子身边，给他们指出正确的方向，但剩下的路一定要留给孩子自己去走。

让我们再看看，还有哪些其他途径能够激发孩子的潜力、促进智力发展呢？

♥ 对于不满5岁的孩子

——我们提议提早进行阅读教育。

第一次开口说出“杯子”这个词时，尽管发音也许尚不完美，宝宝脑中已经对抽象概念与词汇做出了一一对应。我们可以经常与一至两岁的宝宝进行这样的练习，要知道，它的难度绝不亚于学校里的语文课。甚至，在孩子学会开口说话前，父母就可以着手亲子早教，启蒙宝宝语言及认知，开发孩子的语言潜能。

同样，可以提前教孩子识字、写字，让孩子在搭积木的过程中学习简单的算术，等等。

♥ 4岁起至青春期的孩子

——日常生活中（在家里、小区里或旅行途中），尽可能地丰富词汇和表达方式。

——形容物品时，留心形容词间细微的差别，尽可能地丰富形容词的使用。譬如，蓝色、天蓝色、靛青色就是三种不一样的颜色。哈士奇和德国牧羊犬也是不同的犬类。

——尽可能使孩子的7种感官获得均衡发展：嗅觉、视觉、触觉、听觉、味觉、平衡感和内部触觉①。

想要促进孩子智力水平的发育，不妨参考下面几个小练习：

——将盛有不同液体的透明细颈小瓶一字排列。让孩子通过视觉分辨瓶中的液体（醋、油、肥皂水、清水……）。

——扩展练习1：向小瓶中装入固体（鹰嘴豆、小扁豆、糖、盐、麦穗、面粉、水泥……）。

——扩展练习2：向小瓶中装入小木块，帮助孩子区分木材种类（胡桃木、栗木、樱桃木、松木……）。

——区分不同种类的布料（亚麻、帆布、灯芯绒……）。

——区分不同种类的金属（铁、钢、铝……）。

——让孩子两手各持一物，掂一掂哪边更沉。

——用不同厚度的卡片纸，让孩子分辨哪种更厚、哪种更薄。

---

① 内部触觉，即感知身体内部痛处的感觉，这项感官甚至可以清楚地定位疼痛源：它类似触觉，不过是由体内感知的。——译者

——在同一段旋律中，分辨出不同乐器的声音（钢琴、小提琴、钹、鼓……）。

——蒙住孩子的双眼，通过味觉分辨食物的味道（咸的、淡而无味的、酸的、辣的、甜的……）。

——同样地，蒙住孩子的双眼，通过触觉区分不同物体表面（粗糙的、平滑的、坑坑洼洼的、有划痕的、鼓起的……）。

——通过视觉，判断与物体距离的远近。

——其他。

让我们牢记一点：通过学习，孩子才会变得更聪明，而不是特别聪明的孩子才能学得好。

4

决定学业成败的关键因素

先做个澄清：这里的学业落后，指的是孩子明明很聪明，学习成绩却不理想的情况（成绩优秀的定义则正好相反）。因此，成绩好坏并不是定义学业成败的标准，孩子取得的成绩是否与其智力潜能相称才是我们关注的重点。

在现有教育体系下，及格是最基本的要求。但父母、老师或学生中很少有人了解这套教学标准制定的初衷。实际上，及格线的划定，是考虑到那些在学习过程中存在客观障碍的孩子，是根据他们的能力而设的，目的是使这类孩子经过学习训练也能初步掌握基础知识。

尽管如此，我们看到，学业上饱受失败之苦的却往往是那些智力水平出众的孩子。他们的能力在班级的平均水平线之上，足以跻身中上游。

我们选取了一个班级来作观察。如果让全班学生参加智商测试，可以发现，在3次测验均未达班级平均分的学生当中，相当一部分人实际上可以取得最顶尖的成绩。

这种学业落后现象产生的背后，是自我激励的缺失、学习动力的衰退和消极的自我定位；而反观成绩优秀的孩子，情况则恰恰相反。

♥ 学业落后最常见原因分析

——充满烦恼、困惑迷茫的青春期。

——不合群。

——对某位授课老师不满意、不适应。产生这种现象的原因，有可能在于老师（缺乏教学经验），也可能在于学生自身。往往双方都负有一定的责任。

——学生或老师患有身体或心理疾病（急性的或慢性的）。

——自身抱有某种情结。羞涩自闭。

——由于语言不通或风俗习惯不合等原因，难以融入新的文化氛围。

——通过"学业落后"报复家长，常见于分居和离异家庭。孩子得不到关爱、家长过分宠溺、家长一味要求孩子服从等等，都是造成这一现象的潜在原因。

——先前积累的基础性理论知识不足，给后续学习带来障碍（尤其在阅读课程中）。

——学前准备不充分，入学时仍保有学前养成的不良行为习惯。

——过于敏感。

——情绪易波动。

——缺乏基本的学习技巧和方法，在学习中使不出“巧劲”。

——没有养成良好的学习习惯，注意力无法集中。

——学习环境不尽如人意。

——天赋过人。

♥ 成绩优秀最常见原因分析

——具有稳定、平衡的人格。

——顺利平缓地度过青春期（叛逆期、焦虑期和生理变化期）。

——与同学相处融洽。

——对授课老师没有特别的抵触情绪。这一方面也许因为老师教学方法娴熟，另一方面也许因为学生态度端正；或两方面原因均有。

——学生与老师均身心康健。

——学生与老师都保持乐观积极的心态，拥有正确的自我定位；至少学生一方如此。

——即使在语言不通或习惯迥异的情况下，仍能积极地融入当地文化氛围。

——家庭关系融洽。

——心态平和，从不过分羡慕、嫉妒他人。

——学前基础知识牢靠，尤其是阅读方面。

——学前养成良好的学习习惯，入学后大大受益。

——情绪波动相对平缓。

——了解有助于学业提升的小技巧，在学习中使“巧劲”。

——学习习惯良好，上课注意力集中。

——适应老师的严格要求，培养良好的学习品质。

——良好的学习环境。

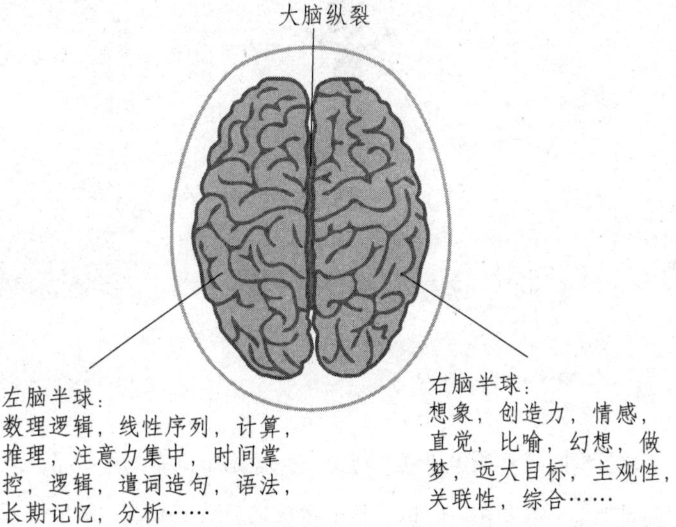
大脑纵裂
左脑半球：
数理逻辑，线性序列，计算，推理，注意力集中，时间掌控，逻辑，遣词造句，语法，长期记忆，分析……
右脑半球：
想象，创造力，情感，直觉，比喻，幻想，做梦，远大目标，主观性，关联性，综合……

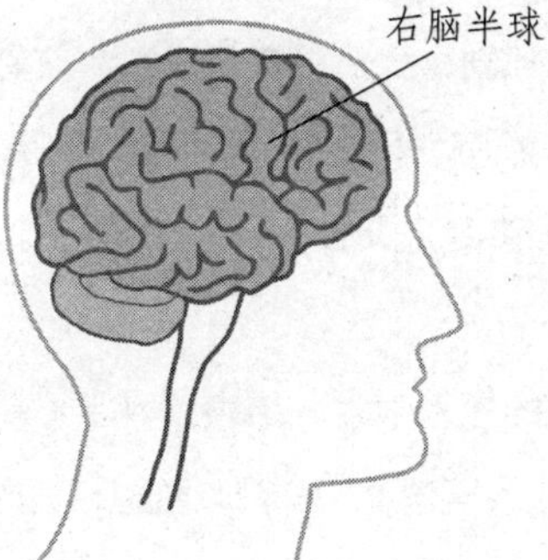
右脑半球

大脑侧视图

5

神奇的大脑

豪尔赫满脸颓丧地走进我的办公室。他是个勤奋的好孩子，但解数学题时却总不得要领。分析了他的情况之后我们发现，对他来说，最大的障碍在于读不懂题目。为了丰富和锻炼他的想象力，我们为他量身定制了一项学习计划。我们很快便发现，只要他能够在脑海中清楚地勾画出题目的含义，解开它便不成问题。并且，在着手答题之前，他会凭借直觉判断出答案是有多个还是只有一个、数值在什么范围内、是正数还是负数……

数学再也不是他的短板学科。结束预科学习时，他的数学取得了8.3的平均成绩，后来甚至选择了一门与数学相关的大学专业。最令人欣慰的是，他说自己最喜欢数学的一点在于解开问题时的快乐，那种运用想象力搜寻答案的幸福感和满足感令他无法抗拒。

大脑位于颅腔内，是人类（同时也是所有脊椎动物和一部分无脊椎动物）神经系统的最高级中枢。它具有对身体感官进行协调控制和组织的能力，也具有自动调节的功能（如调节血压、血流速度、体温等）。同时，大脑可以控制我们的情绪，吸收和存储知识。

大脑分为两个半球，由一条深深的纵裂分隔，左右半球底部由胼胝体相连，相互辅助，互传信息。

左右脑半球结构的高度复杂性，使人类有别于其他动物，能够从事精密细致的复杂运动。尽管它们都可以控制体温，也共享着一些其他功能的实现，但实际上，左右脑半球之间分工明确，分别协调和管理着不同类型的精神活动。两者的和谐运作，保证了信息快速有效地为大脑吸收。信息或任务越复杂，左右脑之间就越需要合作得紧密无间。

左脑半球

接收信息时，左脑半球通过逐个连接字母拼出单词、由单词连成短语、再由短语组成句子的方式运作——口头交流或阅读书面文字时、计数、进行数学计算或运用逻辑思维时、将信息拆分为文字、肢体动作或想法加以传递时，无不如此。英国著名神经学家约翰·杰克森在1978年发表的一篇论文中指出，左脑半球是语言表达的中枢，其中融合了：

——数理思维能力。

——采取线性方式处理信息的工作模式。

——语言记忆能力。

——语法逻辑关系，句式组合，语音识别。

——注意力的集中。

——对时间的掌控。

——对事物的规划、拍板与实施。

——长期记忆能力。

——口头与书面语言的使用。

——计算能力。

——科学才能。

——逻辑思维能力。

——推理能力。

——下象棋时的推理演算能力。

——右侧身体的协调运作能力。

——使用分析法处理信息①。

---

① 分析法是先将事物分解为各个部分、侧面及属性，再分别加以研究的方法。——译者

——主管逻辑分析、抽象化、计算、循序完成任务、语言表达、逻辑推理等。

——训练左脑半球可以通过分析法（即由局部到整体的方法）、增强语言表达、计算和线性思考练习等方式进行。左脑思维必须借助于语言和其他符号系统，具有组织性、易逝性、定量性、线性、聚焦性、客观性等特征。

——左脑思维具有逻辑性，能够翻译从右脑传递来的语言信息。

——善于总结和预言。

——对我们的所作所为给出原因。

——左脑与写字、符号识别、语言、阅读、演讲、倾听、融汇理解、分析细节的能力紧密相连。

——左脑将储存的概念信息转换为语言（amor，amour，amore，love①……）。也就是说，大脑以概念而非某种特定语言的形式来存储信息，之后随主体所处文化环境和所受的语言教育实现输出。

倘若没有左脑的这些特殊功能，人类将丧失很大一部分学习和工作的能力。大脑中储存的信息异常庞杂，而我们又没办法一下子通通掌握。因此，左脑半球时刻帮助我们判断协调，择优者而存之。同时，

---

① 此处4个单词均表示“爱”，分别为西班牙语、法语、意大利语和英语。——译者

它在我们根除旧观念、培养新思维的习惯中起到了极为关键的作用。

然而，略显遗憾的是，由于左脑半球的重要作用，它常常主控我们的思维活动，让右脑半球黯然失色。曾经有学者将左脑戏称为“小独裁者”，因为它总是企图“凌驾于”右脑之上。因此，生活中很多本可以促进我们做出积极改变的信息和力量，很可能在到达右脑前就被左脑“吞噬”了。

锻炼左脑半球的小练习有：数独游戏，传统的击船游戏①……

右脑半球

与左脑半球一样，右脑半球也主宰着人体一系列功能的实现。

右脑加工、处理信息的方式与左脑并不相同。右脑把一个个独立的部分合为整体，主管视觉空间技能，长于非语言的形象思维，包括感觉、主观感受及视觉、听觉等感官能力（如艺术、音乐等）。右脑偏于想象和感性思维，依靠直觉，习惯从全局看问题（即由整体到部分），

---

① 一种棋盘游戏，船有不同颜色和不同长度，置于方格状棋盘中，当长度和颜色符合时，船被击沉。

不需要语言的参加，且创造力十足。

右脑与空间关系、形状规格、韵律与色彩的辨别能力紧密相关。它擅长从整体的角度感知情境，融合各类不同信息（如声音、图像、味道、感觉等），并将其作为一个整体进行信息传递。右脑半球融合了：

——想象力。

——对艺术和音乐的感知力。

——感性认知。

——三维观察力。

——敏锐的洞察力。

——创造力。

——左侧身体的协调运作能力。

空间方位感的强弱与右脑有着千丝万缕的联系。同时，右脑也负责着色彩认知、形状辨识和空间识别。约翰·杰克森的研究表明，右脑长有肿瘤的病人无法辨别不同的物品或地点，甚至会将周围的人弄混。

通过右脑，我们可以清楚地知道自己身在哪里，不至于迷路；我们明白了，为什么只消看见马路两侧的某些建筑，看见它们的形状、模样、屋顶和大门，就可以清楚地知道自己身在何处。

街上迎面走来一个人，辨别这个人自己是否认识的过程，同样是靠右脑的视觉记忆搜索完成的。之后，这张面孔所对应的姓名，则是由左脑搜索完成的。

右脑又被称为潜意识脑。它通过综合法（由部分到整体的方法）处理信息。通过右脑，我们可以进入幻想的世界，或者推想出一些可能出现的情况。

右脑思维告诉我们物体在空间中的具体位置，以及它们由哪些部分构成。通过右脑，我们理解了比喻手法中的本体和喻体，我们做梦，我们萌生新的想法。当遇到很难描述的事物时，我们会自觉地加上肢体语言去帮助理解。

右脑思维使我们拥有敏锐的直觉和跳跃性的思维。经常通过直觉判断，会使思维更广更灵活，因为直觉思维可以跳出逻辑，达到出奇制胜的效果。有时候，直觉可以在已知与未知间搭建桥梁，补充未知的信息。

这就是右脑工作模式：一种直觉的、主观的、相关的、整体的、没有时间概念的模式。

右脑是创造力和想象力的源泉，能够将信息视觉化和形象化。它同时主宰我们的梦境，帮助我们进行自我调整和自我激励。生活中，我们都有这样的体验：突然间灵光一闪，却不知道这样的想法从何而来——实际上，这是右脑神经递质的产物哦。

锻炼右脑半球的小练习有：拼图；魔方（哪怕只能拼出一面也无

妨)；画 4×4 的方格，小伙伴们比比谁能找到最多个直角；俄罗斯方块……

左右开弓

我们的左右脑半球并不完全对称——就像人脸的左右半边会略有不对称一样。正如我们之前提到的，左脑负责协调右侧身体的活动，而右脑则负责身体的左侧。因此，惯用右手的人往往左脑较为发达，而左撇子们则拥有更加发达的右脑。这就形成了我们不同的做事习惯和行为倾向。

事实上，左右脑功能迥异这一点，在实际教学中并没有得到足够的重视。引导学生关注左右脑的不同功能，分别有针对性地加以开发，能够对学业起到极大的促进作用。遗憾的是，很多人甚至不清楚，左右脑对于外界通过感官传递的信息、我们学到的知识、做出的推断、我们的思维活动及表达方式分别能够起到怎样的作用。

左右半脑由一条纵裂隔断。胼胝体位于大脑半球纵裂的底部，连接左右两侧大脑半球的横行神经纤维束，负责两个半球之间的信息传输。

研究发现，女性的胼胝体比男性更大。这就意味着女性的“情感性右脑”与“分析性左脑”连接更加紧密，而男性大脑两侧互通信息则需要更长的时间。

左右半脑的功能都具有独一无二性，互惠互补。

大多数成年人的语言中枢位于左脑半球，只有一小部分人位于右脑。尽管我们在上文中提到，左脑主要控制身体右侧而右脑协调身体左侧，有些人却可以做到两侧肢体同样灵活。他们的两侧大脑分工更加明确，几乎涵盖一切活动。

在孩子幼年时期，两侧大脑的分工尚未完全完成，左右半脑都具有说话和处理语言的潜力。如果在这个时候，左侧大脑发生损伤，那么相应的语言功能就会移交右脑来完成。

10 岁前，孩子的语言及其他一些能力会在一侧脑半球中逐步稳定并确立，此后便无法在左右半脑间再次转换。但是，两侧大脑相辅相成，不可缺其一。作为整体，我们的大脑传输感知到的信息、控制和协调身体的动作、确保身体各项机能稳步运转（如心跳、血压血流的稳定、体温的恒定，等等）。

大脑使我们拥有认知力、创造力、记忆力和学习能力，使我们看待事物有了感情。大脑处理和存储信息的能力，目前最先进的电脑系统也无可企及。

大脑工作时，如同一个室内交响乐团协作演奏，各种乐器相互配合、相互作用。有研究表明，当大脑某个非关键区域受伤后，另一区域可以部分替补它的职责。

平衡互动小练习

说了这么多，让我们来看看，经常进行哪些训练可以使两侧大脑合作地更加亲密无间呢？

——唱歌。

——写作。

——背诵诗歌。

——用肢体语言阐明想法。

——跳舞。

视觉思维或线性思维

关于左右脑的工作模式如何分别影响我们的思维方式，有很多种理论。其中有一种理论，将人类的思维方式分为两类：视觉同步思维和线性连续思维。

该理论指出，大多数惯用右手的人（即左脑主导者）通常使用线性连续思维，也就是说，他们必须完整解决一个问题后才可以进入下一个。相反，右脑主导者们则更倾向于使用视觉同步思维，在他们这里，不同问题可以无差别同步进行。两者的最大区别就在于，处理信息时“左脑控”们需要等待前一部分有了结果，才可以继续后面的思维活动；而“右脑控”们则多管齐下——尽管这可能给人一种几项任务都未完工的感觉。

视觉同步思维者拥有多线程处理问题的能力，也许这就是为什么他们看上去更富有创造力的原因。

大多数人运用分析法处理信息（左脑主导者），他们由整体到部分，将难题分解并逐一攻破。相反，视觉同步思维者们（右脑主导者）则习惯于使用综合法，他们将问题视为一个整体，通过事物间的联系找到解开问题的钥匙。

探索大脑的奇妙世界

大脑皮质的主要组成元素为神经元，以由血液循环运输来的氧气和糖分为养料——没有这些养料，神经元就会死去。

神经元或脑细胞之间通过相互作用，产生我们的想法或行动。在我们的大脑中，有约 10 000 000 000 个神经细胞，每个细胞可以接收 1 000 到 5 000 个来自其他细胞的信息，且每个细胞都可以与其他细胞进行信息互换。这就意味着，人类大脑中可以建立多达 25 000 000 000 000 000 000 000 000 000 000 个细胞联系！ 通过这些联系，我们萌生想法、产生联想、做出发现、发明理论、不断学习……如果你对这个庞大的数字还没有概念，那么我们来打个比方：假设把纸对折一次表示一次神经细胞间的连接，那么最终得出的厚度将超过地球与月球的距离、超过地球到冥王星的距离、超出我们所在的银河系、甚至超出我们已知的宇宙的尽头！ 它的厚度将达到 16 000 000 000 光年那么远！

由此看来，大脑拓展的潜能真是无限大呢。

6

难或易？

我给萨拉布置了一项任务。在我看来，她是个女孩，这样的任务对她来说再容易不过了。可她却看上去忧心忡忡。我又举了别的女孩轻松完成的例子来给她打气。结果让我大吃一惊：在我看来，这项对所有女孩都不构成问题的任务，在她却难若登天。事后我仔细思考，得出了结论：她是一个很特别的女孩，思维与男孩类似，与同龄女孩相比更活跃、更有条理。于是，我纠正了我的教学方法。

每个人都是独一无二的。我们应该因材施教，根据每个孩子自身不同的特点，设身处地地与他们换位思考。后来，萨拉在那门课中再也没有出现焦虑不安的情况，她写信给我说："当我和您一起学习时，我感觉所有知识都变得容易理解了，并且后来也一直没有忘记。"

如果我们能够依据个性和学习倾向对不同孩子做出划分，量体裁衣、因材施教，攻破学习难关便指日可待。由此，我将学生划分为四类：积极主动型、消极被动型、理论型和实践型。

♥积极主动型

对这类孩子来说，遇到以下情况时感到得心应手：

——面临挑战时。

——短期内能够看到收效时。

——任务充满不确定性，需要投入饱满的激情、向极限冲刺时。

以下情况他们手足无措：

——当他被放在可有可无的位置时。

——当他必须进行分析、演绎和融会数据时。

——当他独自面对任务时。

——当他面对与“怎么做？”无关的问题时（前者是这类孩子最喜欢回答的问题）。

♥消极被动型

对这类孩子来说，遇到以下情况时感到得心应手：

——当他可以完全处于一个旁观者的位置时。

——当他有条件预先审时度势、分析周围环境时。

——当他在行动前拥有足够的准备时间时。

以下情况他们手足无措:

——当他被迫处于人群中的焦点位置时。

——当别人催促他完成手头任务时。

——当他没有时间预先做出准备时。

——当他面对与“为什么?”无关的问题时(前者是这类孩子最喜欢回答的问题)。

♥理论型

对这类孩子来说,遇到以下情况时感到得心应手:

——有模板、例题、理论体系等参照物时。

——当出现他们视为挑战的想法或概念时。

——当需要调查、研究、提出问题时。

以下情况他们手足无措:

——完成带有不确定性的任务时。

——置身于充斥着感情和复杂情绪的场合中时。

——当问题没有理论可以依据、没有模板可以参照时。

——他们最喜欢回答的问题是："是什么？"

♥实践型

对这类孩子来说，遇到以下情况时感到得心应手：

——完成需要将理论与实践相结合的任务时。

——当身边其他人也都忙忙碌碌时。

——当新学到某种知识时，会迫不及待想要引入实践。

以下情况他们手足无措：

——当所学知识短期内无法付诸实践时。

——当任务缺乏明显实践意义时。

——当任务与现实没有直接的联系时。

——他们最喜欢回答的问题是："如果我这样做，会发生什么？"

7

鼓励宝宝早爬行、多爬行

手脚并用地试图爬到物品跟前并把它拿起来，对婴儿来说是一项颇具挑战的难题。

宝宝那笛还没有学会爬行。她总是倾向于用身体左侧去完成一些动作，父母便常常在她的右侧叫她，使她尽量兼顾右侧肢体，以保持脑部的对称发育。妈妈希望她能够尽早学会爬行，将她屁股朝天放在床单上，并在半米开外放置了颜色鲜亮的物品。那笛仿佛被那件东西召唤了一样，开始缓缓地挪动身体。很快，她就学会了像小猫一样撑起身子四肢趴地，随后又学会了爬行。她成了家里的“爬行专家”，能够迅速地爬来爬去，并且毫不迟疑地拾起地面上的物品。在这样的训练中，她渐渐长大。随着年龄的增长，她肢体动作中的不对称性逐渐消失。12岁时，老师夸奖她道：“那笛是个富有创造力的小姑娘（右脑半球的功劳），解起数学题来也毫不费力（左脑半球的功劳）。”也许，所有这一切都始于她小时候正确的爬行训练。

大人们常常忽略孩子在婴儿时期的小动作，像是爬行、挥动小手对着空气乱抓、趴在地上缓缓挪动身体、用小手抓住栏杆或树枝，或者趴着睡着等等。

实际上，这些都是婴儿早期大脑发育的关键表现。

爬行

皮拉尔·马丁·罗伯博士的一项研究表明，爬行活动是婴儿最具挑战、也是最能锻炼大脑的活动之一。

——通过爬行，婴儿第一次尝试着左右两侧身体并用，尽力使动作协调。

——爬行使婴儿观察物体时由单眼单侧到两眼并用。

——他们听到的声响也开始变得立体起来，双耳开始适应从空间不同位置传来的声音。

——他们伸手去抓眼前的物品，有效锻炼了视觉-运动神经。

——第一次将视觉纤维、听觉纤维、耳鼓、动眼神经、姿势反射、躯干颈肩肌肉直接联系了起来。

——通过中脑（即起整合调节作用的脑部区域）的组织与髓鞘化过程达到相应的行为能力水平。

爬行可以映射出孩子的两侧躯体的平衡能力，正确的爬行训练可以使他们长大后：

——拥有更精准的推理能力，完成作业更加高效。

——更加自信地面对新的挑战。

——学习工作更富有动力。

相反的，如果婴儿在爬行中表现得很困难，不能很好地控制两侧身体，那么很可能导致长大后：

——尽管在学习上投入了很多精力和时间，却收效甚微。

——很多人甚至开始怀疑自己的智商，虽然实际上这与智商并无关系。

爬行练习是训练身体两侧协调性最好的方式，掌握情况的好坏将直接反映在今后孩子的学习和工作中：

——数理和语言学知识的理解、关联和汇总。平衡发展的左右脑能帮助我们整合字母、数字等符号信息，这对于6岁前的孩子尤为重要。

——从孩童时期直到青春期，影响到孩子学习的方方面面。

除此之外，爬行练习还可以：

——刺激孩子的触觉、听觉和视觉。

——有利于两侧半脑间的信息传达。

——锻炼眼-脑协调能力，这种能力在今后的智力和机体发育中相当关键。

蹭着地面前行

从发现孩子可以这样做时，就应该尽量多地让他们拖拽、挪动身体。可以先在摇篮里进行，之后，在地面上铺上一层床单，将宝宝抱到床单上，周围放置一些色彩鲜艳的物品（比如玩具）以吸引他们的注意。

这一练习对宝宝的智力发育和身体成长、自由感和安全感的形成、自我意识的强化十分重要。宝宝第一次发现，原来自己可以随心所欲地探索这个新世界呢！ 其实，自宝宝被放入摇篮中开始，他就开始不停地挪动身体，变化着姿势想要用头触碰摇篮的边缘。确认安全的边际位置很重要，这样做有利于宝宝的成长，能够提升他们的自我判断力及安全感。宝宝笨拙地挥舞着小手，仿佛探索是他们与生俱来的本能。要想看清这个世界还需要一些时间，但他们却已经可以伸出小舌头用触觉和味觉进行感知了。

因此，千万不要用过重过厚的被子或衣物挡住宝宝活动的空间。让他们动起来，刺激身体的各项感官——快快鼓励他们利用有限的自由空间积极探索起来吧!

另外，赫伦·多曼几年前的一项研究证明，面部朝下时，孩子会感觉更加安全，此时的他们倾向于更加积极地探索，学到的也会更多，成长的也就越快，同时会拥有更精准的自我判断力。

悬摆练习

将宝宝抱在怀里，然后轻轻地举过头顶，保持几秒钟。当孩子再大一些时，可以让他们自己用双手够住梯子或树枝悬空摇摆。这是另一个可以增加孩子肺活量、强化大脑供氧和刺激智力发育的好方法。

让孩子在家中自由探索吧!

综上所述，自由探索可以增强孩子的安全感、培养健全的个性，长期下去会使他们更乐观、更易取得成功。事实上，哪个父母不希望自己的孩子智力过人、快乐成长呢? 只要他们从小被正确指导和鼓励不断向未知世界进军，那么毫无疑问，他们定会如我们所愿健康成长。

8

培养创造力

创造可比机械重复有趣多了。前段日子，玛利亚把一张在澳大利亚旅行途中拍到的照片带到了学校，照片中是以仰视角度拍到的天空，由灰到白的渐变色，非常迷人。第二天，老师看见照片后却教导她说："一张完整的风景照得有房子，有烟囱，有道路，有树木……"

倘若我们能将学生的创造力发展纳入学校的评估标准，可能许多思维活跃的孩子就不会被随意贴上"差生"的标签了。

事实上，那些勇于发掘并鼓励孩子进行创造性学习的老师，也很少能顶住外界的压力。他们常常因为无法完成一些既定教学指标而被辞退。

这是一种很奇特的教育现象，却也是不争的事实。约翰·斯坦贝克，另一位诺贝尔奖获得者，曾就他生命中遇到的 3 位恩师之一写道：

“他将一股好奇之风吹入课堂。我们欣喜地感到，自己的双手间握着最珍贵的宝藏，它们像萤火虫一样闪闪发光。后来，他被辞退了，理由是在课堂上总教孩子旁门左道的东西。”

如果说，遇到这样一位启发并引导学生“紧握手中萤火虫般的宝藏”的老师很难的话，那么遇到一位将书本知识与课外拓展知识相结合的老师无疑难上加难。

如今，随着科技水平的日益进步，生活中我们能够通过各种途径快捷地获知信息。因此，我们最不需要的，就是那些照本宣科的老师——毕竟，获取知识是孩子们一生绕不开的题目。

近些年，学校的主流教育方式似乎都冷冰冰的，缺乏人情味。这种教育氛围在不同地区、不同学校表现程度略有差别，但总的来说，都主张严明的纪律性，要求学生服从组织，而忽视了真正的自主学习和创新精神。结果是，我们培养出了一批又一批不知变通的学生——而懂得变通是成功路上极为重要的条件之一。

老师们顾虑重重：主张教学创新，势必会带来一连串的麻烦事，不仅自己的时间会被占用，如果学生因此主业考试成绩不理想，还将赔上自己的名声。

要知道，当一名老师决心让自己的课堂充满活力时，就应该意识到自己即将做出的大量牺牲。这项工程耗时耗力，他必须全身心投入其中，甚至可能遭受意想不到的非议。

对于父母来说也是如此。对于那些认为采取创造性的教学方式会有损家长威严或将孩子的前途置于不顾的父母来说，想要引入这样的教学方法无疑是很不现实的。

对于那些以评估学生的学业为本职工作的教师来说，他们从一开始就与孩子站在了两个相互对立的阵营。试问，如果不与孩子们站在同一立场，如何能够激发他们的兴趣和他们可贵的创造力?

老师应该多为学生的全面发展着想，而不是只流于形式。要学会倾听孩子们的心声，永远也不要轻视他们，面对他们的奇思妙想不要大惊小怪。要让孩子们全身心投入并持之以恒，让他们感受到创新的乐趣。

在充满创造力环境下成长的孩子，内心集聚有更多的正能量，甚至可以自发创造出更有趣的学习方法应对那些“枯燥乏味”的课程。

长此以往，他们的学习会更加高效。当他们遇到遵循旧有教学方式的老师或家长时，心中也不会产生抵触情绪，而是告诉自己又学到了其他一些同样有用的知识。

有的时候，老师和父母在不知不觉中扼杀了孩子的创造性。譬如他们会说：

——不要再问了行不行，没看见我很忙吗？

——问别人去，我都快被你烦死了。

——你怎么想起来做这种事的？

——算了吧，我看你也不会有兴趣的。

——遇到不关你的事的时候，不要瞎掺和。

凡此种种。

父母和老师在面对孩子天马行空的问题时手足无措，往往顾左右而言其他。他们嘴上说鼓励孩子多提问题，行动中却要求他们提出的问题中规中矩。换言之，必须是父母或老师知道答案的问题，或是他们能听懂的问题。再换句话说，也就是那些不那么具有创造力的问题。

实际上，孩子们提出一些大家都不知道答案的问题再正常不过了，这说明孩子开始动脑筋思考问题了，他们的创造力、自我判断力和探索发掘的热情也被同时调动起来。

爱迪生也曾因为问题太多被老师罚站墙角——这个年纪的孩子对事物产生各种疑问是非常正常的。直到有一天，老师实在是不胜其烦，将爱迪生赶出了学校。

小爱因斯坦也是如此。他被勒令辍学，因为他问了太多老师无法解答的问题。

千万别以为这都是过去的事了。现今社会，这样的情况仍然比比皆是。不仅在学校，在家里孩子们也常常受到这样的待遇——当然了，唯一的区别是他们不会从自己的家里被赶出去。

激发孩子创造力的小练习有很多。最关键的一点是，永远也不要在他们可以自己找出问题答案的情况下揭开谜底。不说出答案，代之以循循善诱，让孩子们自由独立地思考，循着逻辑的方向找到问题的答案。

创造力的培养有无规律可循？

规律是有的。我们知道，创造力的发育在孩子 5 岁左右会经历第 1 次停滞期，在 9 到 10 岁时出现第 2 次停滞期。有研究表明，有些孩子在第 2 次停滞期后，创造力大不如前。

有些人仍然抱有希望，认为即使大人们什么也不做，超过 10 岁后孩子的创造力还能回到之前的水平，但这种说法并没有事实依据。

现在我们已经知道，10 岁后，受到周围环境影响，孩子们已经意识到想要继续向前走就必须舍弃一部分创造力，转而学习一些更加重要和务实的知识。

但也有一些孩子，创造力的火焰在 10 岁后仍在继续燃烧，甚至在青春期、青年时期或成年后依然创造力惊人。

用创新思路解决实际问题

奥斯本、帕尔内斯与美国创意教育协会的其他成员一起，提出了一种风靡世界的激发思维潜能的方法：“头脑风暴”法。此法遵循以下步骤：

1. 将每个问题视为一项挑战。

2. 清楚地认识问题。

3. 设想一切可能解决问题的方法。思考初期，乍看愚蠢的方法或许会起到至关重要的作用。（一天我在教室里给学生解释“头脑风暴”的含义时，有学生惊呼：“哇，这和美剧《豪斯医生》里他们讨论病情时的做法一样啊！”）

“头脑风暴”中，我们要遵循4项基本规则：

——不要随意对别人的方案评头论足。

——言论表达完全自由。

——想出的方案越多越好。

——要将各个方案进行整合和完善。

4. 对各方案进行评估。

5. 准备将甄选出的最佳方案付诸实践。

综上所述，我们得出一幅“头脑风暴”流程图：

整体筹划
↓
摆出数据
↓
提出问题
↓
集思广益
↓
得到方案
↓
认可实施
↓
新的挑战

激发孩子的创造潜能，建议做到

——充分了解孩子的个性和行为方式。

——充分信任他们。

——让他们积极参与讨论。

——从尚无定论的问题入手。

——根据情境适当进行变通。

——和他们一起，走到解决问题的最后一步。

——当孩子的奇思妙想具有可行性时，将方案带入实践。

——对孩子由已知推出未知、找到解决方法的成就给予肯定（但不要靠物质作为奖励），鼓励他们勇于探索未知世界的精神。

小结

创造力的训练对孩子们来说不是一门选修课，而是人生中一门不可或缺的必修课。

拥有创造力可以使孩子不再一味地以结果为导向，而是试着去品尝探索的过程。结果固然重要，但那毕竟不是全部。

创造力不仅能够提升孩子的智力发育水平，使他们学到更多、更加快乐地成长，同时也引领他们进入推动整个人类发展进程的队伍，为困扰我们的种种难题找出答案。

让我们为了孩子能够真正做出点什么而努力。让将来的他们能够干出一番丰功伟业。让他们能够拥有独立的思想，不屈从于他人。让他们富有更强的社会责任感，让今后人类的竞争力更胜今朝。让他们能够做得更好。

9

积极有效的鼓励

10 岁的佩德罗懒洋洋地趴在桌上。“你怎么不动手写作业？”老师奇怪地问道。“老师您也说了，这个又不难，随便什么人都能做出来啊。”佩德罗心不在焉地回答。

适当的鼓励能够起到事半功倍的效果，但鼓励的重要性、如何采取赏识、鼓励的方法教育引导孩子，却常常为老师们所忽视。养父的鼓励曾经温暖了小爱因斯坦的心，这使他找到了学习的动力，并坚持到了最后。

当我们所处的社会专制程度越低、民主化程度越高时，奖励和惩罚的直接收效就会越小，而自我激励的重要性也就越明显。

如今的情况是，如果孩子自个儿不愿意，想要让他们规规矩矩的、坐下来认真看书简直是天方夜谭。他控的效果每况愈下。我们必须激发孩子的内在动力，因为自控更根本、更直接，无疑也更持久。

孩子的行为受自我认识、对身边他人的认识以及“成就理想的自己”的信念三者共同决定。

所有的孩子都渴望自强自信，同时也希望对自己来说重要的人信任自己，相信自己能够做到。

孩子需要鼓励，正如植物需要水的滋养。缺乏鼓励会使他们失去信心，久而久之他们会越来越不相信自己的能力。他们尚有一颗玻璃心，而生活中又不可避免地会遇到一些丧气事，这时家长和老师的鼓励就成了他们直面困难、战胜挫折的定心丸。

当孩子情绪沮丧、对成功没什么信心时，会自然而然地消极应对。在这个时候，适当的鼓励能给他们注入一针强心剂，重燃自信之火，而不是放任自由、选择破罐子破摔。

真正能给孩子以良好激励的，一定是一颗真诚信任的心。要相信他们能够赢在当下，而不是给他们一个模棱两可的敷衍回答。如果连父母都不信任孩子当前的实力，孩子又怎能创造奇迹呢?

E·奈瑟尔总结了 6 类正确鼓励孩子的积极态度：

1. 宝贝，爸爸（妈妈）相信你一定可以战胜它。

2. 宝贝，勇敢尝试了就很棒了，即使失败也有收获不是吗。

3. 我们先一起设定几个容易达成的短期目标好吗?

4. 你应该感到自豪，因为你勇敢尝试了。要相信自己，一定可以做得到。

5. 天生我材必有用，要给自己打气加油!

6. 如果你出色完成了任务，你将得到一些权利和特权。

要让孩子明白，他们的成功不仅意味着个人理想的实现，还将获得社会的认可。

鼓励的艺术

面对遇到的种种问题，孩子不应将自己划为被动接受的一方，而是要主动出击、积极着手解决问题。

周围人的态度很容易对其造成影响。像那些调皮捣蛋的孩子，他们的出发点不外乎是想引起别人的注意、渴望话语权，或是出于报复心理自暴自弃。相应的，当孩子感受到满满的爱与鼓励时，他们的行动也会朝着积极的方向发展。鼓励使他们充满力量。

每个乖巧懂事的孩子背后，都有一个懂得如何正确引导、鼓励他们的人。家长们要学会鼓励的艺术：

——引导孩子多发问。

——积极地聆听。

——让孩子多多参与大人才能做的事情。

——如实地评价孩子。

——表现出对孩子的信心，使他们感到充满力量。

——欣赏孩子的才能，相信他们的能力，帮助孩子树立良好的自我认知。

——对孩子出色完成的任务表示充分肯定，赞扬他们为此付出的不懈努力。

——让周围其他教育者也加入到孩子智力发育的建设中来。

——常使用“在我们的共同努力下”、“与同学、与爸爸妈妈一起”这样的句子，培养孩子的集体意识。

——协助孩子将学到的知识带入实践。

——看到孩子身上的优秀品质，监督、鞭策他们严格要求自己。

——借助孩子感兴趣的话题，鼓励他们向更深处探索。

最最关键的一点：鼓励一定要真诚、发自内心。

千万不要将这种鼓励与溺爱画等号：鼓励不等于把孩子的任务拿来自己一肩扛，也不等于刻意人为降低任务的难度。家长应该充分信任孩子的能力，相信他们可以通过自己的努力渡过难关，父母的真诚鼓励和孩子的勤恳钻研一定会收到成效。

因此，父母在教育孩子时（当然，老师如果也能参与进来会更好），应充分表现出对孩子能力的信任，宝贝，我知道你一定可以。

同时，还可以辅以其他的激励法。夸奖孩子做出的努力。给他们提供展示所学的场合和机会。告诉他们，对他们有信心的不仅仅是爸爸妈妈，大家都很支持他们。

让孩子融入集体生活，在合作中完成任务。可以从家庭成员间开始，给孩子树立合作的榜样。

向孩子解释完成一项任务需要经历的步骤，帮助他们制定一个又一个的短期目标，循序渐进地一一完成。

留意孩子取得的成绩和进步，而不是驻足于他们失败的尝试。多从正面指引，摒弃负面言论。事实上，有太多父母对孩子批评和教育远超过鼓励的言辞。人们能做好的事总是比做不好的事要多，关键在于是否足够专注，也取决于是否有爱的光芒投射在道路前方，指引我们前行。切记，夸奖孩子时一定要实事求是、循循善诱，千万不要明夸暗讽、言不由衷或夸大其词。

把鼓励融入生活点滴

良好的鼓励和互动对孩子而言影响深远。我们可以将上述的鼓励原则带入孩子学习生活的方方面面：

——文学阅读。

——正字法训练。

——书法练习（请根据孩子的个性选择书法体）。

——数学运算。

——自然科学。

——文化概论。

——信息技术科学。

——母语和第二外语的学习与运用。

——艺术修养。

——口语和书面表达。

——学习态度。

——创造力的养成。

——融入社会。

——自我认识的形成。

——与家人的相处。

——思想品质教育。

——在教师与同学面前（对孩子的赞许）。

横向看进步

在大多数人的理解中，进步是个纵向的概念，因为进步就是要攀登顶峰，一览众山小；有些时候还需要以牺牲其他人为代价来获取成功。但如果我们将横向进步也考虑进来的话，到达成功的道路会更加敞亮。要知道，有时候，目标的达成与超越、压制别人是无关的。

一个人的进步应以自身起点位置开始衡量，一步一个台阶。评价进步与否，要更多地与自己之前的水平作横向比较，而不是一味地以孩子在同龄人中所处的名次为标准。横向的评判标准，能够增加孩子的满足感，提升他们的自信心。

因“时”制宜

心理学家哈维格斯将人生划分为不同阶段，指出鼓励孩子的重要性和当时他们分别应掌握和具备的各项能力：

♥童年时期

——学会走路。

——学会自己进食。

——学会说话。

——学会上厕所。

——了解两性差异，性心理正常发育。

——心理发育平衡。

——形成与实物相对应的抽象概念。

——建立自身与父母、兄弟及他人间的情感纽带。

——学会分辨是非。

♥ 进入少年时期后

——参加体育运动。

——形成积极的自我评价。

——与同龄人和睦相处。

——成为一个健全的社会人。

——拥有阅读、写字、计算的基本能力。

——在生活中丰富阅历、积累经验。

——树立正确的人生观、价值观。

——能够独立辨别是非真假、好坏对错。

——积极融入集体。

正面鼓励的必要性

正面鼓励对调动孩子的主动性、积极性，养成高效做事的习惯至关重要。当孩子接收到正面鼓励的讯号后，会积极动用手边一切资源来达成目标（有时候比成年人还要卖力），因为他们迫切需要：

——感受到自己被再一次认可。

——给别人留下出色的印象。

——感受到自己是个有用之人。

——提升自我形象认知。

反过来，如果孩子没有得到积极的正面鼓励，他们会：

——变得更加顽固。

——对自己和他人显示出强烈的攻击性。

——越来越觉得自己没用。

——放弃目标。

如果外界的鼓励和刺激已经趋于规律化和体例化（譬如一些奖励和惩罚的机制），直接收效将大大降低。相反，如果激励的能量源自孩子内心，外界刺激就变得不那么重要了。孩子会从心底感受到一股向上的力量，督促自己实现目标、完成任务。要知道，要达成一项长远目标（例如终身学习的过程），奖励和惩罚都不是最终的解决方法。

因此，内心的自我激励相当重要。这是我们保持充沛能量、时刻给自己充电的唯一方法。

在教育孩子的道路上，没有“万金油”。因此，我们需要：

——尽可能了解孩子的内心诉求，在他们最需要帮助的时候拉他们一把。

——帮助孩子树立自信心，充分相信他们解决问题的能力。

——相信正面鼓励的教育方法：只要我们坚持积极鼓励和引导，就一定会看到成效。

避开雷区

在鼓励孩子时，要避开以下言行雷区：

——可能让孩子对自己产生不信任感的任何言论或动作。

——让他们觉得自己并没有想象中那么厉害。

——让他们产生“这项任务超出我的能力范围”的想法。

——拿他们和班级或竞赛中更聪明、成绩更好的孩子作比。

反之，就得到正确的鼓励方法了。

什么样的教育才是真正的优质教育?

真正的优质教育，遵循以下几点原则：

——时刻牢记，现在在父母眼里孩子可能还小，转眼他们就会长大成人，这个成长过程取决于孩子的自我意识。因此，教育方式要尽可能避免教条。

——即使孩子尚且年幼，也要尊重他的个人意见，理解并鼓励他的创造性活动。

——支持孩子德智美全面发展。

——为孩子的将来早作打算。

格拉瑟说过：“我们有义务在学校中为每个孩子创造成功的机会。孩子们应该以努力取得成功为己任，而教育部门应该以提供达到成功彼岸的机会给孩子为责任，成功的机会不仅要可见，而且得可及。”

千里之行始于足下。当孩子成功迈出了第一步，饱尝甜头的他们会自觉自愿地端正言行，将自己定位为一个好学生，并用实际行动加以证明。

表扬的两个误区

——表扬并不会使孩子骄傲自满。相反，适度的表扬能使孩子战胜虚荣心。听到赞扬，孩子便无需再去过分张扬自身的品德，反而会觉得有些不好意思，选择谦虚礼让；但当大家对孩子的努力不闻不问时，他们便不得已强迫自己更加努力表现，以博得关注了。

——实际上，表扬是很鼓舞人心的，尤其可以增强孩子对自我的认识，因为他们会以别人的评价来判别自己行事的好坏。

给予孩子自由选择的权利

生活在民主社会，我们的周围满是“权利平等，自由博爱”的信条轰炸。实际上，能够自由行动、自主决定是民主社会的两大根基。

孩子们总是偏向于吸收与自己意愿相投的信息，而拒绝那些强加于身的任务和要求。他们需要一个内化的过程，希望能够自觉自主地选择完成任务的方式。

如何选择鼓励的时机?

我们提倡将正面鼓励常态化。当然，在少数特殊情况下，如事态紧急、除强制命令外别无他法时则另当别论。

从哪里入手?

面对挫折和挑战时，孩子会对自身能力产生怀疑，但如果父母引导得当，这种自我怀疑感便会很快消失。

鼓励方法要因人而异。我们需要充分了解孩子的喜好，这样才可以正确引导、并最终使其养成自我激励的良好习惯。

父母的终极任务

父母和老师拥有一项终极任务：在孩子的成长道路上不断进行引导和鼓励，直到他们走上正轨，向人生的顶峰迈进。

要鼓励所有的孩子——尤其是那些人生刚刚起航的孩子们，以及那些至今仍在道路上徘徊求索的孩子们。

10

学习动机的培养与激发

课堂上，劳拉心不在焉地在纸上涂画着新交往男朋友的名字。远处飘来老师的声音：“现在讲的这个知识点，在以后的学习中经常要用到，大家要专心听。掌握了这个知识点，不管对现在还是对将来的高考都会有很大帮助。很好，很好，太棒了。我们继续吧。”劳拉无精打采地伸出手翻了几页书，翻到了老师正在讲的那一章。

动机，是人类开展活动的推动力，是行为的直接原因和内部动力。激发动机的因素有：

——认为这项任务很有趣或很有实际意义。

——希望通过完成任务达到自我价值的实现。

它们可以间接地为我们带来良好的社会地位、积极的自我评价，让我们更好地融入社会、更快地品尝成功——这些都构成了我们行为的原动力。具体到教育领域中，学校会将学生的成绩划分为优良中差；每完成一个阶段的学业，我们会取得相应的学历和学位（或其他证明文件）——尽管这种评估方式在很大程度上同样取决于其他孩子的表现。

外因驱动与内因驱动

在孩子身上，外因作用往往更加明显。尽管通过内外因驱动的效率、持久性和成效各不相同，我们的状态却时常在两者间不停切换（实际上，两类动机并存的情况也并不少见）。

孩子可能会先由外因所驱动（譬如奖励的诱惑），随着在学业中收获的满足感的增加，进而通过内在动力自发自觉地继续努力下去。

在兄弟姐妹之间——

相较之下，独生子女拥有更强劲的学习动力；在非独生子女中，年长者的学习动力强于年幼者，而排在中间的孩子又强于最年幼的孩子。产生这种现象的原因在于，学习动力与孩子被关注的程度密切相关。

没有老师的合理引导，孩子很可能变得自由散漫。对于缺乏家庭关爱的孩子来说，老师是孩子学习动力的发掘者，可以在一定程度上弥补家庭教育的缺失。想想小爱因斯坦的例子吧。

在同班同学和小伙伴们之间——

除了老师，同班同学也形成孩子行为的参照群体。在某些情况下，同伴行为起到的作用甚至超过老师的示范（这种情况在男生中更为常见）。孩子与家庭关系越疏远、与老师越不投缘，这样的情况就越明显。

老师应该意识到自己在孩子积极行为引导中的重要性。譬如，通过平时的观察，老师了解到胡安上课爱开小差，那么他可以在课堂上大声表扬认真听讲的佩德罗，好让胡安从自己的思绪里走出来，跟上接下来的课堂内容。这种引导方式，比起直接叫胡安的名字让他认真听讲要有效得多。

动机养成的 4 个条件

凯勒认为，学习动机的培养与激发取决于 4 个条件：兴趣、迫切感、自我期许和成果补偿。

♥兴　　趣

兴趣是最好的老师，缺乏兴趣必然导致注意力涣散，学习的积极性也会锐减。家长和老师要找准切入点，寻找和激发孩子的兴趣：

——将新知识与孩子已有的兴趣点相结合。

——将新任务描述成一项挑战，挑起孩子的好奇心与求知欲。

——从孩子熟知的知识引入，建立知识网。

——让孩子多提问，并通过自己的探索加深了解。

♥迫切感

根据凯勒的描述，能够激发孩子认真学习的迫切感分为3类：

——获得结果的迫切感：如果能将新知识与孩子学过的，或以后会接触到的知识联系起来，就很容易让他们进入状态，融会贯通，并从中获得满足感。

——融入社会的迫切感：人是一种社会动物，我们都需要在与他人的交流和比较中认识、评价自己，而学习知识可以让我们更好地立足于社会。

——拥有实力的迫切感。

也许还该加上一点：

——引起别人关注的迫切感。

♥自我期许

恰如其分的自我期许源于良好的自我认知能力。过高的自我期许、过低的社会反应，或者反过来，都不利于目标的达成。父母和老师的信任是孩子们动力的源泉。

如果面对难题时，孩子首先想到的是“我会失败”——也许之前他曾遭遇类似的挫折——那么十有八九事情真的会以失败告终。反之，如果孩子自认为能够做到，加上父母和老师的鼓励，成功的几率将会大大增加。

“教师期望效应”是另一种能够激发学生个人潜能、提高学习效果的暗示手段。我们经常看到这样的情况，被老师认定的好学生，往往真的会“越来越好”。

♥ 成果补偿论

如果目标的尽头悬有一截胡萝卜，孩子们一定会干劲十足地投入。反之，如果最初的甜头没有尝到，孩子们从一开始便会失去前进的动力，或者直接选择消极应对。

从外因驱动到内因驱动

外因（例如奖赏和惩罚）是可以转化为内因的——一旦任务完成后的奖励满足了内心的深层需求，便会产生一种内化的效果。

学习过程中，这种现象相当普遍。有的孩子，完成目标的出发点原本是为了得到“报偿”，后来，由于情感上得到了极大的满足，周围同学老师看待他也更与往日不同，这次成功便点燃了他的内心，内在驱动力使他在今后的学业中也倍加努力。

惧怕失败 / 追求成功

绝大多数孩子以追求成功为目标，他们坚持不懈地努力，只为品尝一口成功的喜悦。但也有这样一类孩子，由于惧怕失败和不自信，他们往往得过且过，将做事的出发点简单定为“过得去就行”。这类孩子在任务开始前，就已经开始预想最差的结果。他们往往符合以下特征：

——在班级中，成绩难以达到中游水平。

对他们来说，目标的设定要适中，既不能太高也不能太低。要鼓励他们向着可望且可及的目标冲刺，达成目标将极大地增强他们的自信。

——位于中游水平，目标达成后表现得过于自负。

家长和老师的鼓励和表扬要有针对性，只在孩子真正值得夸的时候夸，让他们对自己的能力认知更加客观。

——倾向于逃避所有任务（学校布置的或家长要求的）。

首先安排一些他们力所能及的任务，让他们获得心理上的满足感。在接下来的过程中持续给予鼓励，一点一点增加难度的砝码。

——向权威低头，羡慕班里更聪明的孩子。

——因基础知识松散而缺乏判断力，自卑自怨，常常人为地将问题复杂化，觉得所有任务都在自己的能力范围之外。

钢琴理论

人的运转就像一架钢琴，通过不同琴键和琴弦变换出无尽美妙的音符。不过，同一架钢琴在业余爱好者和名演奏家手中却大不相同，后者可以演奏出感人至深的伟大乐章。

钢琴是一样的钢琴，差异却是由弹奏者决定的。发掘孩子潜力也是同样的道理：孩子能走多远，取决于是什么人在背后支持和鼓励他们。

把控事态发展的重要性

当人类（甚至动物也是如此）发现情况已经不在自己控制范围内、对事态发展无法掌控时，会变得消极悲观，甚至希望及早抽身。孩子们也不例外，具体表现为：

——丧失学习的动力和激情，放弃继续学习。

——有些孩子会选择逃避的态度：即使装不成病，他们也会在心里反复想象逃离学校的情景。

——远离人群，把自己封闭起来。

——行为消极。

——犹豫不决。

——对自己、老师、家长或学校表现出攻击性，渴望通过受到惩罚或驱逐来宣泄心中的愤懑。

相反，当事物的发展可以由我们自身的行动和能力决定时，我们会表现得更加从容不迫、笃定自信。

成功孩子的秘诀

成功的孩子拥有一种运筹帷幄的自信感，相信一切尽由自己掌控。

而失败的孩子总是怀疑自己，缺乏对事物的掌控能力，总觉得想要的东西会从手中飞走。

如果我们能够激发孩子们做强者的责任感，让他们在泥沼里摸爬滚打，自由地去追寻想要的东西，效果将远远好于直接对他们下达命令。

母亲的影响

纽约州立大学奥尔巴尼分校的理查德·提万通过研究证实，当母亲对孩子取得的成绩表现出严苛的态度时，孩子由于担心失败，会因求稳而退缩怯战。

当孩子以“避免失败”为准则时，会给自己制定相对较容易达成的目标，他们不敢涉险，绕过需要动脑筋的问题。他们更倾向于回答“我不知道”，在上战场前就挥起了小白旗。

结果可想而知：他们面对的只会是母亲的指责与失望。如此循环往复，他们的学习热情也将越来越低。

父亲的影响

约翰·麦可兰德的研究，则揭示了父亲的态度与孩子学习动力之间的关系。

很多追求完美和极致的孩子，家庭中父子关系较为疏远，父亲也较为严厉。父亲往往看不到孩子的过人之处，认识不到他们的自我需求，要求孩子拼尽全力去完成一些他们不感兴趣的事。

只有“完美”二字能够使这些孩子的父亲满意。有研究表明（例如纽约大学特纳的研究），这类严厉的父亲，往往具有下列特征：

——工作中通常只与物品打交道，与人交流较少。

——生活中很少有机会独立做出判断，责任感不强。

——工作中受上司差使，在家庭生活中寻求发泄。

——近距离、手把手地对孩子进行监督。

——纠正孩子的错误时，言辞和行为过于激烈。

——给孩子制定过于严格的标准，阻碍他们的自由表达和个性发展。

相反，对孩子有合理期许的父亲，在工作中往往更多地需要与人沟通，位居要职，更多地掌控形势，责任感也更强。

6条黄金法则

1. 请尽早开始培养和鼓励孩子的独立思考和独立行动能力。

2. 放手让其独立完成任务，即使他会疑惑、会犯错。

3. 给予孩子取得的成绩以适当的“报偿”。通常一句表扬便足够了。要以中肯客观的态度面对孩子的失败：不要表现出不满与失望，试着从积极的角度去看待问题。试着指出问题的症结所在，并将这次失败看作成功路上的一次宝贵经验。

4. 奉行“一件事，即使做得不好，也有做它的价值”的人生格言。永远不要因为觉得无法达到极致和完美就选择放弃。只要认为值得去做，就不要过于计较成败得失。生活中，我们总要在不停尝试中摸索自己的极限。因此，应该谨记长辈们的忠告和建议，让孩子顺着自己的个性与心意茁壮成长。

5. 学习过程中的小困难、小挫折，也能给我们带来意想不到的收获。

6. 不要将孩子看成实现自己人生理想的工具。他们的发展方向也许会与家长的愿望吻合，也许不会。得让他们活出自己的人生。自由选择，勇往直前。

11

强大的战斗力＝竭尽全力的姿态＋势在必行的心态

胡安和埃斯特尔一道走进我的办公室。

两个孩子有着同样的困扰："12 月有一场很关键的考试。如果考得好，平均学分就能拉高不少。您知道吗，我们一直梦想着能考进医学院。离考试还剩几天，我们感觉压力山大……老师，我们该怎么办？这场考试必须考好才行啊。"

"那么，"我问，"今天下午你们准备复习吗？"

他们面面相觑，相互递了个眼神，随后如实回答道："呣，其实今天下午还有明天，电视里要转播冠军杯联赛……"

你问我他们有没有通过那场考试？ 两人最后都只拿到 5 分——这

还得感谢电视台没有天天转播冠军杯联赛。

人类拥有的能力超乎我们的想象。我们都看过自己周围，或是媒体中报道的一些例子，那些人身上展现出的实力，远远超出我们想象中人类所能达到的理论极限。

没有人能够清楚说出自己的极限究竟在哪，无论是痛苦的极限、愉悦的极限、全力以赴的极限或功成名就的极限。当一扇新的大门向我们开启，等待着我们的必将是重重惊喜和无限可能。

有志者事竟成

俗话说的好，“有志者事竟成”、“苦心人天不负”。简单来说，如果我们能做到胸怀大志、合理有效地利用资源，离成功就不远了。

由此看来，能力高低与意志力的强弱密切相关。但在现实生活中，很多人空有目标却不愿抬脚跨越。他们是思想上的巨人，行动上的矮子。他们缺乏做事的动力和热情，拖沓敷衍，做一天和尚撞一天钟。

有志者事竟成。人人都渴望成功，但事实上并不是每个人都能成功。成功不是用来渴望的，更不可能设计好每一步该走的路。成功的要义在于坚持。很多年轻人在失败的尝试和对成功的渴望中摇摆挣扎，却拿不出任何有效的解决方法，或是浅尝辄止。他们也许根本就没有意识到，是时候停下脚步重新审视自己，弥补不足才能获取成功啊。

我想大家现在已经了解到，仅仅渴望成功是远远不够的。但是我们也常有这样的感受：胸中那股渴望之火熊熊燃烧，准备好的方法却一个也对不上；或者根本在行动中缺乏必要的决断力。结果自然是无功而返，而我们内心也倍感焦灼。

成功需要具备两个条件：有能力做到和投入地去做。那么，我们应该如何去找、去哪里找到合适的方法来完成目标呢？

怎么做？

1. 相信自己的能力。要坚信，配以合适的方式方法，自己是完全有能力达成目标的。

2. 合理选择利用、规划这些可能使你到达成功彼岸的方式方法，有可能的话，咨询一下有同样经历的前辈。

3. 坚信达成目标势在必行。

4. 坚信自己能够为此付出一切必要的努力。回想此前做一些自己感兴趣的事（体育运动或其他爱好）时，全力以赴的自己。仔细回味在那次愉快的经历中，自己是如何竭尽全力，结束后获得了如何充实的感受。想想那种努力过后苦尽甘来的美好感觉。

5. 不遗余力地去完成目标。或许会遇到难关，但要坚信，只要拥有必胜的信念和坚持到底的决心，目标就一定可以实现。

坚定的意志力，正如我在《青春期父母行为指南》（托罗米蒂科出版社）一书中详细阐述的，与势在必行的心态有着千丝万缕的联系。渴望它，必须完成它，努力去完成它……那么，你就真的可以完成它。

当我们放手努力，给自己必须完成它的信念时，我们身体里的能量模块也同时被调动激活。越努力、越感受到跨越障碍的渴望，冲破桎梏的能量就会越充沛。

年轻人，和其他年龄段的人一样，当他们的积极性被充分调动起来的时候，会感受到无限的力量。他们朝着理想迈进，碰壁，然后找到另一种方法解决问题。他们喜悦、被自己感动，然后再接再厉。

同样的道理。有时候，人们意识不到自己能力的极限、感受不到完成目标的必要性，所以常常自己先打起退堂鼓，觉得有些事没办法实现，于是放弃尝试，止步不前。

我们本可以做到，却怀疑自己。本可以实现，却不做努力。本可以完成，却没有充分意识到现实生活中我们是多么需要完成它。当我们理性地规划成功的道路时，丝毫感受不到胸中的激情和感动。结果是，我们失败了。本可以成功，结果却写上了失败二字。

所有人在面对问题时都拥有无限潜能，前提是我们不止步于渴望，感受到事情的势在必行，并不遗余力地放手去做。

12

测一测你的学习态度

开学第一节课，我问大家 ：“学期结束的时候，有谁认为自己这门课能得‘优秀’？”

5 个孩子举手。

“有谁觉得自己大约能及格，得到 5 分或 6 分？”

又有 10 个孩子举手。

“有谁觉得自己会挂科，或者拿到 5 分也感到困难？”

孩子们相互看了看，尽管这个问题听上去有些复杂，还是有 4 个孩子举起了手。剩余的孩子没吭声，也许是因为犹豫，也许是羞于在别人面前自我表达。

我向他们解释说，如果态度足够端正，挂科的现象就绝对不会发生。接下来的两个小时，我向他们详细阐述了学习态度的重要性，并且告诉他们，所谓“宿命论”只是我们给自己找的借口，在现在或是在过去都不存在。所有人都有可能取得“优秀”的成绩，没有人是注定要挂科的。5分或6分，是很低的成绩，对于一个上课专心听讲、课后认真复习的学生来说，这个分数实在有点微不足道。几个月后，我的班里只有两名学生拿到5分，一名6分，其余的孩子都拿到了更好的成绩。

如果我们把人类的智力比作一把椅子，那么支撑它的4条腿分别是：

——自我形象认知

——学习动机

——解决问题的能力

——学习态度

态度，是指一个人面对指定任务时，产生的评价和行为倾向。真实地表达自己的想法和态度，绝不是一件丢人的事。

但事实上，孩子们常常刻意掩藏自己的真实态度，担心与父母或其他成年人的行为产生冲突。很多孩子宁可选择用沉默和伪装换取家庭的和睦。

只有当被要求在自己真实的想法和需要以及别人的观点之间做出选择时，他们才可能表达出自己真实的态度。这种态度，可以是积极的、消极的，也可能是无所谓的。

——*积极的态度*：孩子希望完成这项任务，他的行为、思想和言语都在向着这个方向努力。

——*消极的态度*：这时，孩子的言行都在朝着与达成目标相反的方向发展。当孩子刻意地避免为达成目标而努力时，我们说，他拥有*消极的动机*。这样的孩子甚至对提及这项目标也表现出厌恶的情绪。

——*无所谓的态度*：持有这种态度的孩子，往往对做或者不做表现得模棱两可。这种态度上的无动于衷，往往会逐渐转向消极一侧，最终变得懈怠懒散，什么也不想做——因为很明显，这样轻松得多。

态度决定一切。

父母和老师在教育孩子对待学习的态度上责任重大，要将积极的情绪传递给他们。老师的任务，是将孩子从消极的学习状态引向积极，从而完成各项课业任务。

每当完成一门课程后，学生应该做到对这门学科有更加深刻而全面的了解，能够从中找到自己的兴趣点，找到获取知识的满足感，自发形成更进一步学习的动力。

如果学生经常在学完一门课程后，甚至再也不想听到谈论这门课的内容，那么无论是对于老师还是这个学生来说，这都是极大的损失，是一种对时间的浪费。

激发孩子的求知欲

我们建议父母和老师们做到：

——无论对错，接纳孩子的一切回答。用接受的态度和鼓励的话语代替拒绝和否定。

——对更接近目标答案的回答表示肯定，适当给予奖励。

——尽可能使孩子体验到更多的成功。

——让孩子明白，自己对他的期望值在哪里。

——优化教育方法，避免重复教学，将新知识与固有知识有机结合。

——当孩子犹豫是去做功课还是去玩儿时，采取引导的态度，循序渐进地灌输学习概念。

——兼顾右脑半球潜力的开发与运用。

——给予孩子更多的自由空间。

——告诉孩子，有些问题必须由他自己解决。

——将教学内容合理打碎，以使孩子更容易接受为准。

——永远让孩子拥有自己的闲暇时间。

——深入理解教学内容。

——用启示性、趣味性的方式授课。

——解释事物尽量清楚明了，便于理解。

——邀请学生发表意见和建议，尊重他们的想法。

——传递一种乐观的态度。

——言行以身作则。

——教学过程中，保持微笑。

——避免消极的负面评论。

心理小测试

下面是一份心理测试问卷，从中我们或许可以更好地了解孩子真实的态度倾向。

请从下面的4个选项中选择你最同意的一项（请您的孩子独立完成）：

1. 下面会出现4个孩子特征的描述，你最想和谁成为朋友？

A. 罗贝托：男生，和你年龄相仿，正在空地上试飞他的新遥控飞机。

B. 玛利亚：女生，和你年龄相仿，齐耳短发，身着宽松的外套，正在空地上骑脚踏车。

C. 大卫：男生，和你年龄相仿，从图书馆里望向你，双臂环抱着几本书。

D. 安娜：女生，和你年龄相仿，望着远方若有所思，似乎在思考一道三角函数题。

2. 你会送他（她）什么样的礼物呢？

A. 听歌用的 MP4。

B. 一套化学实验器具。

C. 一根鱼竿和一个鱼筐，你们可以一起去钓鱼。

D. 一个计算器。

3. 从书名上看，你觉得哪本书更有意思？

A. 《汽车马达是如何运转的？》

B. 《山中露营指南》

C. 《健康运动跟我学》

D. 《象棋入门》

4. 如果给你一整天的时间，你更愿意用来做什么？

A. 阅读。

B. 运动。

C. 艺术创作。

D. 跳舞。

E. 钻研科学知识。

F. 做手工。

G. 做数学题。

5. 以下哪种职业你觉得更有意思?

A. 科学家。

B. 工程师。

C. 农场主。

D. 运动员。

6. 你更喜欢下面哪位老师?

A. 他帮助指导学生完成课业，维持课堂秩序。

B. 他常在课堂上说一些奇闻趣事，活跃课堂气氛。

7. 如果有空闲时间，你想用来做什么? 请从下列选项中选择两项。

A. 舒舒服服地读一本好书。

B. 听一听你最爱的音乐。

C. 组建一个飞机模型。

D. 看电视里转播的体育赛事。

8. 下图是一间教室的座位分布图。如果是你，你希望坐在哪里?

9. 如果让你写一篇故事，你更喜欢写哪个题目？

A. 一场太空之旅，你与外星人一决胜负。

B. 记录一次你听说过的最美地方之旅。

C. 你最爱的一档电视节目。

D. 某项学习任务或某种职业。

10. 你更想和下面描述中的哪个孩子一起玩？

A. 一个很活跃的男孩，他能自己创造一些游戏，同时他在班级名列前茅。

B. 一个很爱玩爱闹的男孩，他总能想出新点子来，而且总是在玩儿。

评分标准：

请按下面标准将答案记为 A 或 B：

1. 大卫 或 安娜：A

   罗贝托 或 玛利亚：B

2. 化学实验器具或计算器：A

   MP4 或钓鱼用具：B

3. 《汽车马达是如何运转的？》或《象棋入门》：A

   其余：B

4. 阅读，做数学题，钻研科学：A

   艺术创作，运动，跳舞，做手工活：B

5. 科学家或工程师：A

   运动员或农场主：B

6. 1 号老师：A

   2 号老师：B

7. 做模型和阅读：A

   看电视和听音乐：B

8. 第 1 排：两个 A。第 2 排：A。第 3 排：B。第 4 排：两

个B。

9. 第1和最后一个回答：A

第2和第3个回答：B

10. 1号男孩：A

2号男孩：B

请分别计算出A与B的总数。最高会有13个A或12个B。不过一般情况下，大多数孩子的得分应该是A与B的结合。

好了，接下来轮到父母了。请父母们进行同样的测试。如果爸爸和妈妈的意见趋于一致，可以一起作答；如果想法有出入，请分别作答——当然了，分开作答结果将更准确。

现在，我们两方的答案都有了。父母一方请对照横栏，孩子一方请对照纵栏。参照下表我们可以得出父母和孩子分别所属的态度类型：

父母计分 / 孩子计分	A比B多3个或以上	A与B差不多	B比A多3个或以上
A比B多3个或以上	孩子（积极） 父母（积极）	孩子（消极） 父母（无所谓）	孩子（积极） 父母（消极）
A与B差不多	孩子（无所谓） 父母（积极）	孩子（无所谓） 父母（无所谓）	孩子（无所谓） 父母（消极）
B比A多3个或以上	孩子（消极） 父母（积极）	孩子（消极） 父母（无所谓）	孩子（消极） 父母（消极）

13

认识自我，悦纳自我

“好，到这里大家都明白吗？”

“明——白——”一些孩子回答道。其余人没有吭声。

“没开口的同学呢，也都弄懂了吗？”

“明——白——”这一回，全班同学齐声回答。

“嗯，但我觉得呢，”我自语道，“这是一个比较难懂的概念。这样吧，我换个例子再给大家解释一遍，好吗？”

“好！ 请您再解释一遍！”一个孩子立即回答，明显有底气了很多。从频频点头的样子来看，我想其他孩子也抱有相同的想法，很希望老师把问题解释得更清楚一些。

多数情况下，孩子们面对外界展现的形象与自身的真实形象并不一致；有时，他们急于向别人展示自己完美无瑕的一面，结果却反而弄巧成拙。

因此，在不知道该如何作答时，他们会选择避而不答。为了更好地了解孩子们的自我形象认知程度，以及由此产生的影响，我们进入下面一个小测试：

（请孩子独立作答）

1. 我觉得自己很聪明。

A. 从不

B. 有时

C. 经常

D. 总是

2. 我觉得自己有能力把事情做好。

A. 从不

B. 有时

C. 经常

D. 总是

3. 学校课业我很出众。

A. 从不

B. 有时

C. 经常

D. 总是

4. 我很细心。

A. 从不

B. 有时

C. 经常

D. 总是

5. 我体育很棒。

A. 从不

B. 有时

C. 经常

D. 总是

6. 我可以独立解决问题。

A. 从不

B. 有时

C. 经常

D. 总是

7. 我很快乐。

A. 从不

B. 有时

C. 经常

D. 总是

8. 我乐于助人。

A. 从不

B. 有时

C. 经常

D. 总是

9. 我很听话。

A. 从不

B. 有时

C. 经常

D. 总是

10. 我很容易交到朋友。

A. 从不

B. 有时

C. 经常

D. 总是

11. 我是个温和友善的人。

A. 从不

B. 有时

C. 经常

D. 总是

12. 我和其他孩子没什么不一样。

A. 从不

B. 有时

C. 经常

D. 总是

13. 我在同学中很有威信。

A. 从不

B. 有时

C. 经常

D. 总是

请记住，最好的答案永远是您的第一印象。请确保您的孩子在没有任何旁人干扰或给出建议的情况下作答。计分方式如下：

“有时”的答案每个计 1 分，“从不”的答案每个计 2 分。

——0 至 10 分：自我形象认知良好，孩子能够很好地融入周围环境。

——11 至 18 分：自我形象认知较好，有些方面需要家长和老师的指导。

——19 分及以上：自我形象认知较差。

由此衍生的行为

孩子自我形象的认知，会在他们的行为举止中得到体现。

♥ 0至10分的孩子

——活跃。

——聪明敏锐。

——渴望获得新体验。

——友好。

——自信。

——能够很好地融入周围环境。

——能够清楚阐明自己的想法、感受和愿望。

——有时会很顽皮，爱开玩笑，即使自己是被捉弄的一方。

——对家庭以外的环境表现出好奇，喜欢探索陌生环境。

——是名副其实的“小问号”，对单一的答案表示不满。

——能力更强，喜欢提出问题并解决问题。

——执着地完成任务。

——勇于回答问题或阐释自己的想法，无论对正确答案能否确定。

——几乎从不说谎，鄙视为了达到目的恐吓对方或给别人下套的行为。

——在同学中拥有一种优越感。

——无论在学校或是社会中，都能很好地适应。

——生活中很少出现焦虑情绪。

——大多数情况下，乐观开朗。

——遇到困难时，能轻易将其化解。

♥ 19分及以上的孩子

——沉闷。

——习惯于避免接受新事物，喜欢宅在家里，不爱出门。

——看上去比较害羞，不善交际，对社交活动没有明显兴趣。

——对别人的玩笑话相当敏感，恐吓会使他们心生焦虑。

——喜欢幻想、白日做梦，反应僵硬。

——课堂上很难集中注意力。

——面对亟须解决的问题时，紧张不安。

——时常向他人求助。

——对自己独立解决问题的能力深感怀疑。

——有时会用谎言、圈套或恐吓来缓解自己孤立的状态，且乐此不疲。

——焦虑感甚于常人，常担心一些在别的孩子看来不足挂齿的事物。

——大部分时间，表现出悲观或失望的情绪。尤其在学校里。

——除却一些轻微的身体不适，还受到以下问题困扰：失眠、噩梦、食欲不振、无节制熬夜、逃课等等。

♥ 11至18分的孩子

——他们面对问题的反应会有所变化，因情因景而异，但不会出现过激的行为。

竞争力与自尊心

如果在刚刚的测试中，孩子的得分为：

——0 至 3 分：孩子认为自己拥有很强的竞争力。他很少怀疑自己，自尊心很强，对自身人格、行为举止和外表都很满意。

——4 至 9 分：孩子认为自己较有竞争力。他相对比较自信，在提升自尊感的道路上有时需要别人的扶持与帮助。

——10 分及以上：孩子自认为没有什么竞争力。大多数情况下，他们认为自己没什么用，对自身人格、行为举止和外表都相当不满。他们渴望被人理解，亟须找回自信。

14

12 招助你提高注意力

前不久，贡萨洛在学业水平测试中挂了 5 科。

他似乎一直对学习提不起兴趣。他被父母带到一家专业心理咨询机构，被诊断为“注意力缺陷多动障碍”，也就是我们俗称的“多动症”。医生开了几副药，母亲因为担心副作用迟迟没敢让他服用。

撇开“多动症”不说，孩子的注意力并没有其他缺陷。问题的症结在于，他无法有效集中注意力。他可以对某样事物很感兴趣，但不过区区几分钟，他就开始走神了——这种情况在第一世界国家的孩子身上尤为明显，他们习惯了形象直观的语言。我们开始每天一起进行 3 分钟的注意力集中练习，一天天过去了，他能保持注意力集中的时间也越来越长。后来，在去心理中心复查的时候，医生诊断认定药物已经见效（事实上，他一颗药也没吞下肚），因为他已经可以很好地控制自己集中注意力了。

时至今日，心理中心的专业医师也好、教育专家也好，还是常用注意力涣散来给学生定性。而现在，我们通过自身努力彻底摆脱病症的情况也屡见不鲜。这至少为我们提供了另一种思路。

韦伯斯特将专注定义为：人的心理活动指向和集中于某种事物的能力。

如果一个人边看书边想："肚子好饿，今天吃什么好呢？""张三去哪儿了？""那件事不知道怎么样了？"那么很明显，他的精神并没有集中。

注意力不集中是导致学习成绩不理想的罪魁祸首之一。常常是书摊在桌上，思绪早已不知道飘哪儿神游了。

专注与良好的阅读习惯密不可分。阅读速度的快慢与理解程度的深浅，都直接决定着能否长时间集中注意力。在专心阅读时，我们所有的神经和感官都会被调动。

请您仔细阅读《做一个高效的阅读者》一章中我们给出的建议。依照当中提到的原则进行训练，注意力将能得到很大提升。

12招提升孩子注意力

从专注的定义来看，要加强对心理活动的指向和集中能力，就必须学会同时避免内在分心与外在干扰：

——阅读前做好准备。安排好接下来要完成的任务，避免阅读过程中被其他人、事打断。

——选择一处适宜的场所。

——远离干扰。不要坐在电话机旁边，把所有可能用到的东西放在伸手可及的地方，尽量减少阅读过程中起身寻找其他东西的必要。

——避免不必要的声音干扰。如果孩子对声响很敏感，尽量选择一个安静的场所。有些人觉得，音乐能帮助他们更好地集中注意力。如果这种理论真的可行，那也是因为某种特定音乐可以帮助掩盖周遭其他嘈杂的声响。同样的，鱼缸中水泵有节奏的吐水声，可以帮助我们更好地进入一种无人的状态。当然，这也是因人而异的，要求绝对安静的人也许会觉得那种“突突”声令人无法忍受。无论哪一种情况，吵闹的音乐是绝对无法帮助到我们的，只会不断消磨我们的精力。

——找到阅读的黄金时间。如果发现自己在某个时间段做事更有效率，可以协调其他时间以养成在这段时间阅读的习惯。

——制定目标。适当关注目标进度，能够有效提升注意力。

——今日事，今日毕。从现在就开始这么做。

——给情绪“降降温”。忙碌的工作、沉重的生活，如果再遇到点倒霉事，难免心烦气躁。在决心专注做事之前，从心底驱除不安的情绪，专心于书本上的文字，或借鉴之前我们给出的建议，利用身边一切可利用的资源，平复心情并渐入佳境。

——培养严明的纪律性。有些人，总是想到哪做到哪，缺乏往下挖的精神和毅力。要把完成这项任务看作一次锻炼毅力、培养自律性的绝好机会，培养自己做到善始善终。

——摒弃消极态度。也许手头这本书并不合你的口味，或者这项任务让你感到无聊乏味。不妨换个角度去想：这项任务必须完成，而且只有你可以完成它。

——让大脑喘口气。没有人是能随时保持精神高度集中的，人脑就像一台高速运转的机器，它也是要休息的。如果你已经非常疲倦，集中注意力就根本无从谈起。换个别的时间再读吧。在大脑极端疲乏的时候，即使强迫自己精力集中，效率也会大打折扣。如果天色已晚，建议早早上床休息；或者先停下 10 分钟，之后效率会高得多。

——逐渐延长专心时间。想长时间保持注意力集中，需要循序渐进地尝试练习。一开始孩子只能专心 5 分钟，可以鼓励他，“要不要再多 5 分钟”，然后慢慢延长到 15 分钟、20 分钟。

提升注意力的小练习

1. 梅罗维兹和雅各布打算在下面一段话中找出 7 个字母 N（第一

遍他们俩都没找全呢）：

LAS FICHAS INCLUIDAS EN EL TEXTO SON EL RESULTADO DE AÑOS DE ESTUDIO CIENTÍFICO COMBINADO CON LA EXPERIENCIA DE MUCHOS AÑOS.

2. 数一数，一共出现了多少个字母 a？

ncunsnconscnasnlsanknsjknsanlkalkhuihauhuashdu whdhwhshdiowhhdwhidohouhduiqwhduohwoihouqhduo huhdhduohwoudhouqwhuohdouhoudhuoduhuohduhudh udhudhuwhduwhduwhuhwduhuhuwdhuhduhdudhuhdu hwduhwuhuwhduhwduhudhuqwhduiqhdiuhduqhudhwu qdhuhwuhduwhsuhduhdquwhquwhqunoienoidosjiodsjio·jsoijsoidjoisjoijoijsoijoijdoisjoidjsijdoioijd.

3. 那么字母 c 和字母 e 呢？ 分别出现了几次？

4. 现在闭上眼睛，想象你正在外婆（或其他亲戚）家里。看看四周，尽可能详细地描述一下你所看到的细节。

5. 从 0 数到 32，每四个数一数（如 0,4,8……）

6. 同样的方法，现在再从 32 数到 0（如 32,28,24……）

7. 用水枪（或其他同类玩具），在墙面上拼出完整的单词。

15

不要“身还在，心已远”

海伊梅上课经常走神，父母为此很担心。

“一开始学习他就开小差，什么东西都能让他分神，尤其是他那一堆球星卡。他不会是患上什么注意力缺失的毛病了吧？”

我向他们解释，孩子不专心，一定是因为有一样别的东西吸引了他更多的注意力，而不是孩子本身缺乏专注做事的能力。

我带着海伊梅一起做了两个月的注意力集中训练。他的成绩逐步提高，至今仍然保持着较好的学习状态。

注意力是一种情绪性反应，是把自己的感知和思维等心理活动指向和集中于某一事物的能力。学生对所学知识一旦产生兴趣，就会产生一种强烈的好奇与渴望，就想探求其中奥秘，就会自发地集中注意力。

假使一件事物没能激发起我们的兴趣、调动我们的情绪，那么大脑是不能标记或记录下任何信息的。同样地，假使我们在观察或经历某事时不够用心，那我们同样什么都记不住。记忆牢固的秘诀在于感知时充分集中注意力。只有那些吸引我们驻足的场景（令人愉悦的或沮丧的）才能在大脑中留下印记。

因此，任何学生在面对课业时，都应认真仔细地进行思考——这也是集中注意力的过程——思考如何更好地记住所读、所见、所听。

注意力能否得到有效集中，并不单纯由学习内容决定，更不能靠对孩子讲大道理。倘若所学知识能够引发思考，孩子得以触类旁通，那么不仅注意力得到提升，孩子的兴趣和亲切感都将被调动，记得也会更牢。

成绩不理想或记忆力减退，并不是智商的问题，而是源于注意力分散。一旦孩子产生兴趣、用心去学，很容易就能把书本上的知识看懂学会。

人类是能够自主选择关注点和兴趣点的。

在上一章中，我们已经提到过一些有效提升注意力的练习方法，不过要达到完全的专注还需要强有力的自制力。

专注力训练

通过放松练习，我们得以掌控想象空间，进而有效提升专注力。

♥ 第 1 步：预备动作

要想进入全神贯注的状态，首先得在静谧舒心的环境中充分放松身心。否则，在学习和记忆的过程中就会遇到阻碍。

放松不足易导致分神、头脑僵硬，这时大脑会拒绝接受和消化新知识。在下一章里我们会具体讨论放松的重要性，以及怎么做才能达到完全放松的状态。现在，我们首先建议您尝试下面几条小练习：

——在空中画螺旋线。每画一圈增大半径。

——然后画圆，一次比一次大一点。

——反过来，慢慢缩小半径。

——画无穷大符号（∞）。

——想象一列拥有无穷节车厢的列车，缓缓驶来。

——想象时钟的“嘀嗒、嘀嗒”声。

——海滩上海浪扑岸，发出有节奏的哗哗声。

——想象遮住地平线的一抹云。

♥ 第 2 步：打开想象空间

——在脑海中勾画一定数量的物品、数字或字母，再按顺序一个一个擦除。

——想象数字“1”。在脑海中书写、发音。连续进行 3 次，其他什么都不想。

♥ 第 3 步：发起练习

——可以通过各种有趣的小游戏来有效地刺激我们的感官，譬如锻炼视觉、听觉精准度的小练习、各类动手小练习等（请参照第 3 章《谁说智商天注定？》）。

——也可以通过阅读下面几节的内容开拓思路。

专注力与学业的关系

当注意力长时间过于集中时，我们会很容易感到疲劳。但这种疲劳感不会经常出现，因为人体组织会通过释放信号（让我们分神）来防止过度疲劳现象的产生。从本质上来说，走神只是将关注点从一个事物转向另一个事物。

注意力分散是学习的头号大敌。但这并不是由人体的先天缺陷造成的，而是可以通过后天培养逐步改善的。

不管哪一类学习，都有一个情绪上的触发点。为了通过考试，为了取悦父母或老师，为了在同学面前树立威信，或者仅仅因为自己很感兴趣。无论出于哪一种动机，都表明孩子在情绪上已经具备了触发点，也正因为这个触发点的存在，使得提升注意力有了可能。

须重点关注的知识类型

——新知识，第一次遇到的概念。

——那些与我们熟知的略有差异的概念。做笔记时重点突出不同之处，阅读时注意勾画关键词句（有关这一点我们将在后一章中详细阐述）。

——已经学过一段时间的知识点。

——对于一些复杂的概念，要用心体会各个方面，考虑每个细小的环节。

——仍在更新中的概念。

是什么导致精力涣散?

心中记挂着另一件事、心理上的排斥等等，都会导致精力涣散。

我们可以将精力涣散细分为：消极性精力涣散（什么都不想做），积极性精力涣散（想去做别的事，如讲话、乱动、骚扰其他同学），偶发性精力涣散（间断性地开小差）。

注意力既与身体机能有关，也与感官密不可分——无论我们有没有意识到。有句俗语说得好，“小中见大，细节决定成功”。换言之，“不做好小事，必难成大业”。

附加练习

1. 在“答案表”中，1至5每个数字都代表一个特定的符号。请在A、B、C、D四栏数字下方的空格中填写相应的符号。

A	1	4	3	2	5	3	1	2	4	3	1	2	1	4	3	4

B	2	1	3	1	5	3	5	2	3	5	3	1	5	2	3	1

C	1	4	3	5	2	3	1	4	1	3	2	1	5	3	4	1

D	2	4	5	1	2	3	1	4	5	2	4	1	3	2	1	4

答案表	1	2	3	4	5
	ŏ	U	>	X	O

2. 在报纸上随机找一篇文章，选定其中的20行文字。计时并找出其中所有的字母c。接下来找出所有字母a。这项练习可以有效提升我们的注意力，费时越少表示注意力越集中。可以用其他字母继续练习，也可以提高难度，每次同时找出2个或3个字母。

3. 图卢兹测试：尽可能快地在表一中划出表二中出现的图形。

表　一

Ũ Ū Ŭ Ů Ű Ų Ũ Ű Ų Ŭ

Ū Ũ Ų Ů Ű Ū Ŭ Ũ Ů Ű

Ų Ŭ Ū Ũ Ů Ű Ū Ų Ũ Ŭ

Ŭ Ű Ū Ũ Ů Ų Ŭ Ů Ū Ű

Ũ Ů Ų Ũ Ų Ů Ű Ū Ŭ Ů

Ų Ũ Ű Ŭ Ū Ű Ů Ų Ū Ũ

Ů Ų Ū Ű Ũ Ů Ų Ű Ů Ū

Ũ Ŭ Ū Ů Ű Ų Ů Ŭ Ū Ũ

Ũ Ű Ū Ŭ Ų Ů Ũ Ū Ų Ů

表　二

Ű Ŭ Ũ

测试结果：

——注意力高度集中：错误率在10%以内。

——注意力不很集中：错误率和遗漏率加起来超过50%。

——注意力相当不集中：遗漏率超过20%。

4. 快速地从100数到0，每两个数一数。

接下来每3个数一数。

16

巧用方法，强化记忆

胡莉娅今年12岁，是个冰雪聪明的小姑娘。尽管天资聪慧，小家伙在地理课上却总是抓耳挠腮、不得要领。现在，我和她的心理咨询还剩下7分钟。

“明天地理老师会问我瓜达基维尔河的概况，它的支流有哪些……可我一个也记不住。”

“我们来看看……”我说。

“但已经没时间了吧。”小姑娘没有底气地望着我。

我们采用视觉和听觉记忆相结合的方法——这正是她所需要的——根据记忆训练法的准则，在纸上涂涂写写、勾画梗概图，练习结束时我们居然还余下2分钟。半个月后，她仍然能清楚地记得这次学习的内容。

记忆是过去发生的事和学到的知识在大脑中留下的印象。学生们面临的普遍问题，不仅在于如何将知识存入大脑，还在于如何能在需要的时候，让知识派上用场。

有人会想，“既然学到的知识总有忘记的一天，那还为什么要学呢？”也有人认为，“既然后天才考试，那我明天再复习不是更好吗？”我想，真正渴望学进知识的人，应该不会甘愿止步于此吧？

那么，怎样才能够更好地记住所学呢？

天生好记性？　才怪！

好记性不是天生的，而是通过后天训练得来的。从根本上说，若想使记忆力得以充分发挥，就必须不断地调动它、使用它。过目不忘的好记性依赖于高度的自律、意志力的驱动、坚持不懈的努力和长期的锻炼。

记忆模式

——有意识记忆（人为地动脑筋回忆）。

——下意识记忆（“不请自来”的记忆）。通常情况下，在学习过程中，下意识记忆比有意识记忆更高效、更有活力。

——即时记忆。这类记忆转瞬即逝，通常属于视觉记忆。

——短期记忆。譬如对电话号码的记忆，通常属于口头记忆。

——长期记忆。我们会把一些重大事件存储在大脑中，它们存在的时间更久，且通常以抽象形式存在。

——重复记忆。这种记忆模式在学习中用处不大。

——理解记忆。将知识逻辑化，在未学与已学的知识间构建逻辑联系，能够真正激发和强化学习成果。

记忆步骤

尽管我们可以——正如我们接下来会看到的——在并不理解的情况下强行记忆，但必须强调的是，这种记忆方法实际上无益于知识的消化和吸收。若想真正学进去，我们建议遵循以下步骤：

1. 对所学知识嚼透嚼烂。

2. 专注。注意力高度集中，全神贯注地参与整个学习过程。

3. 在大脑中留存学习的记忆。这在很大程度上取决于我们注意力是否足够集中、能否经常回头复习。

4. 回想整理。结束一天的学习后，在脑海中进行回想，及时更新已有的知识结构。通过逻辑化记忆固然好，通过非逻辑的、人为建立的知识联系进行记忆也未尝不可。

5. 重新认识、融会贯通。将回忆与现实相联系，将所学知识与生活实践相联系，将我们的过去和现在通过回忆重新磨碎整合。

强化记忆的几点建议

——在学习新知识时，先理解每个小点，然后一一整合、宏观把握。

——依照下面顺序进行学习：

1. 看第 1 段。
2. 看第 2 段。
3. 复习第 1、2 段内容。
4. 看第 3 段。
5. 复习第 1、2、3 段内容。
6. 看第 4 段。
7. 复习第 1、2、3、4 段内容。

——准确理解所学内容。

——抱着明确目标进行阅读。

——还可以进行以下练习：

1. 仔细观察一幅画，30 秒后将画反面朝上，试着描述画的细节。

2. 阅读过后，划出文中关键词句，复述文章大意。

3. 谈话过后，回顾对话关键点，提炼谈话内容。

4. 学习新知识后，与已知知识间构建联系。

——掌握复习的节奏：

1. 假设我们学习一处知识用时 50 分钟。请在 10 分钟后进行第一次复习。

2. 请在学习过后 15 至 24 小时内进行第 2 次复习。

3. 请在 1 周左右进行第 3 次复习。

4. 请在 1 个月左右进行第 4 次复习。

下一章中，我们会通过图示向您更清晰地解释这一建议的合理性。

伴随着知识的累积，记忆常常会将一些我们经历过的类似事件相互混淆。正因如此，我们的记忆似乎永远无法完全还原事物的本来面目。为了避免过度扭曲事实，在尝试记忆的时候，我们应将其简化到越"干净"越好，这也与我们之前在"不要'身还在，心已远'"及"12 招助你提高注意力"两章中提到的许多建议不谋而合。

如果我们能很好地遵守前文提到的集中注意力的规则，记忆力也会得到很好地提升。学知识，更要学方法。下面，我们将简要列出几条有助记忆的学习方法。

有助记忆的学习方法

——将学习材料清晰地、用自己的方式梳理一遍。

——读懂大纲。书上除文字外，不要出现涂改痕迹、夸张的图标等，以免分散注意力。

——同时运用的感官越多，记忆效果越好。用眼睛阅读时，大脑会记忆一次。眼看的同时，读出来用耳朵听，则记忆效果加倍。

——理解材料的每一句话。

——带着兴趣去学习。

——端正态度。

——发自内心地投入其中。

——永远带着一颗求知的心。也许材料本身并没有那么有趣，但只要带着积极的心态去学，记忆效果就会得到相应提升。

——全神贯注。

——制订学习计划和学习目标。

——材料难度要适中，不可与孩子自身能力相差过远。

——思维保持活跃。

——选择一个安静适宜的地点进行学习，避免不必要的打断和分心。

——防止被家庭琐事或社会活动干扰。

——一步一个脚印，夯实每一处基础。

——坚持将兴趣保持到学习结束。

——保证充足的睡眠，做到学习时精力充沛、不打瞌睡。

——规律饮食，保证营养摄入充足和体力充沛。

——心态平和，不焦虑、不急躁。

——充分调动自己的积极性。

——学习一段时间后，稍事休息。如果大脑能在每 25 分钟的高强度运转后得到 5 分钟的休憩，后续效率会更高。

——避免接触毒品或其他兴奋剂类药物。感觉不到疲惫本身就是极为危险的。兴奋剂药性过后极易使人产生强烈的沮丧感，从而使孩子对兴奋剂产生依赖性。

——制作阶段性学习规划（制定短期目标、中期目标和长期目标）。

——有规律的作息能够有效集中注意力、延缓疲劳感的到来。

——正式学习前，将材料按一定的逻辑顺序整理好。

——边阅读材料，边将其与已有知识进行对比和分类记忆，建立知识体系。

——尝试在学习过程中至少找到一两个“愉悦点”，即使这门课并不那么讨人喜欢。

记忆小窍门

传统教育法中有一系列规则，帮助我们在一些极端情况下进行记忆，它们被称为记忆训练法。

然而，很多心理学书籍的作者并不认同这套规则，因为它们不能在已知和未知之间架起逻辑的桥梁。光凭借技巧而不加以理解，并不能称作真正的“记得”，时间一久就容易忘记。

也有人认为，记忆并不总需要长时间存在，因此使用这类记忆训练法也不无裨益。

无论怎样，可以确定的一点是，当今社会信息瞬间万变，电脑已经融入我们生活的各个领域，这类对数据的非逻辑化记忆似乎也已经失去了它的意义。因此，我们对记忆训练法要谨慎对待，只在一些特定情况、没有其他方法可选的情况下使用。

让我们来看几个传统意义上使用记忆训练法规则的例子：

——用一个数字代表一个字母（它们之间存在某种类似点）。为了记住一句话，用数字的谐音来标注单词。

——离合诗[1]。记忆诗句的每行第一个词。

——通过时间或空间坐标记忆（这一点倒是有其可取之处）。譬如，我们要记忆历史上格拉纳达被攻陷的时间（1492年），可以联想哥伦布发现新大陆也在这一年；可以通过与某国接壤的国家来记忆该国的地理位置。

综述

很多学者曾就人类大脑内部运作机制做过深入研究。

像是德国精神病学家克列佩林，心理学家G · E · 缪勒、苏联学者L · S · 维果斯基、列昂季耶夫、赞科夫、斯米洛夫、津琴科，以及其他成百上千的专家，纷纷倾注满腔热忱和毕生精力研究人类的记忆过程。记忆能力在人类求知求学的道路上扮演着不可或缺的角色，学者们的一系列研究成果照亮了这座神奇的殿堂。假如我们失去记忆，还怎能算是真正地活着？ 事实上，人类对自己如何记忆、缘何记忆、如

① 离合诗为文字形态的一种短诗类型，由单一字或多字或字母，以逻辑的方式来组成诗文的某部分。

何、为何要增强记忆力已经有了相当丰富的了解，并且这种了解还在随着研究的深入不断加深。

接下来，我们简要罗列一下记忆的伟大之处，并提供几个小练习供您参考。

——越难的问题，我们往往记得越牢。

——持续发生的事情，我们记得更牢。

——能够引发交叉情绪的事情，我们记得更牢：喜悦与悲伤、满足与害怕，等等。这些记忆比单一情绪（大悲或大喜）引发的回忆更能攫住我们的大脑。

最后需要强调的一点是，我们在一生中，能够记下所有经历过的、读过的、看到的、听到的、说过的、写过的东西……如果那段往事在当时激发了我们的兴趣，那么现在我们回忆起来也会感到相当生动有趣。

小练习

1. 反向拼读单词。
2. 以音节为单位，反向朗读单词。如：camisa 读为 samica。
3. 以两人为单位展开对话，互相回答对方提出的问题。注意，不能使用“是”、“否”、“你”、“我”这四个词。

4. 单词“头尾接龙”。如：cas**a**，**a**buel**o**，**o**s**o**，**o**lvid**o**，**o**ler，**r**ató**n**……

5. 接着上面的游戏，这一次改为以音节为单位。如：ca**sa**，**sapo**，**pozo**，**zo**que**te**，**te**ne**mos**，**mos**ca……接不下去的人算输。

6. “圆珠笔不许动！”游戏①。

---

① 几个小朋友在各自纸上写下：名、姓、物品名、动物名、水果名、颜色、电视节目……一个人报出某个字母，譬如A，别的小朋友必须迅速在方格中填入以A打头的词，第一个写完的小朋友喊：“不许动！”写得多且快者算赢。

17

合理运用记忆规律，有效提高复习效率

无论我们经历过的事或是学到的知识，都会随着时间流逝趋于淡忘。它们就这样凭空消失了，或者，至少无法还原本来的面貌了。人们常说，知识总是偷偷溜走，但事实上，兴趣是最好的老师，兴趣使知识长存于心。

每一天，我们的大脑可以记录下十万余条数据。忘掉其中一些并不是大脑功能存在缺陷，相反，这是大脑进行自我调节、优化记忆存储的表现。

5岁前，我们的大脑就接收了一生所学知识的50%。到青春期结束时，大脑中存储的信息总量就已经远远超过大英图书馆和西班牙国家图书馆内上百万卷图书的总和。

在我们学到的知识中，至少有15%到20%会被遗忘。学习完1小时后，只有44%的知识能够继续留存。1周后，就只剩下18%到20%。但值得欣慰的是，剩下的那20%往往是最精华的部分，被遗忘的那80%到85%，也是可以捡回来的。

即使如此，打从我们生下来以后，所学到的知识、体会到的情感、经历过的事，太多都拱手让给了岁月，让给了遗忘。

为什么会遗忘?

这是因为，岁月渐渐磨平了学习印刻在大脑中的痕迹。与此同时，不断出现的新知识，干扰了原先的知识结构。我们的兴趣和关注点是有限的，因而往往倾向于聚焦在事物实用的一面，而选择性记忆恰恰有助于我们在短时间内化解现实问题。在人生长河中，事无巨细地记下每一件事会让我们的行动、决定和感觉趋于虚脱，令生命干涸。

只是，有时一些看似普通的信息，在关键场合却可以大显神通。因此，学习如何巧妙地存储各类信息，做到物尽其用，避免“误杀”那些可能有用的信息显得尤为必要。

怎样减少遗忘?

——每学习 25 分钟，做短暂的休息。抛开书本，暂时忘掉这门功课。

——试着在睡前记忆。这样早上醒来后记忆会尤为深刻，因为人在睡梦中不会有任何新信息的干扰。经过一天疲惫的工作和学习，坚持睡前翻开书复习一番，还真挺考验毅力的呢!

——认真学习新知识，并每隔一段时间回头复习。

——参考上一章内容，利用一切有利于提高记忆力的途径防止遗忘。

遗忘曲线

——如果所学知识对孩子而言完全陌生，遗忘曲线的下降趋势会非常明显。

——如果能坚持睡前温习，遗忘曲线下降的速度会明显放缓，因为夜间没有新信息的干扰，效率更高。

——如果孩子在早上学习，之后又参加了不同的课外活动，遗忘

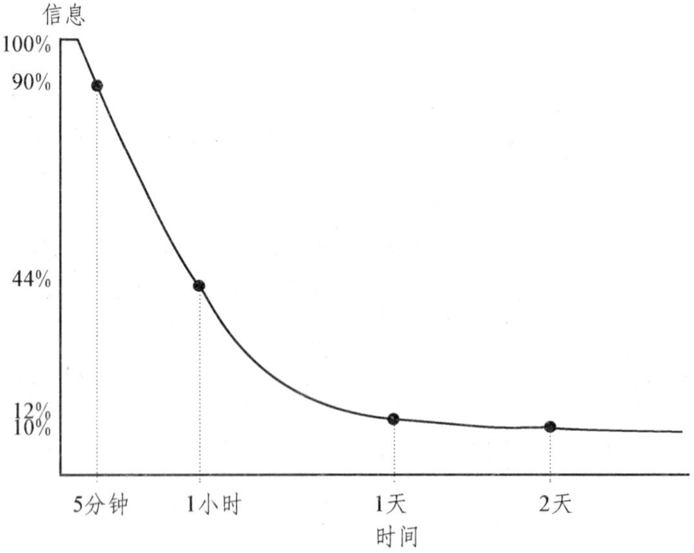

因子会加速运转，曲线将加速下滑。

——如果新知识由基本知识引入并逐步推进，则遗忘速度减慢。

——复习巩固刻不容缓。学习结束 24 小时后，我们将遗忘约 1/4 的内容；接下来的几天中，遗忘部分的比例还会不断增加。

——我们最先忘记的是那些偶然得到的信息，之后才会轮到基础知识。

——开始时，遗忘速度很快；越往后，我们遗忘得越慢。

——有时候，在焦虑情绪下（考试前夕、接受采访前夕，等等），我们内心深处的恐惧和不安会使大脑出现一种僵滞状态。

——遇到上述情况，最好的方法是充分放松，告诉自己一定能够做好。要相信自己的记忆力。信息总是一环扣一环的，记起了其中的一部分，顺藤摸瓜就可以忆起全部。

如何复习？ 什么时间复习？

根据遗忘曲线的下降规律，复习应该在恰当的节点进行。让我们一起来看下面这幅曲线图：

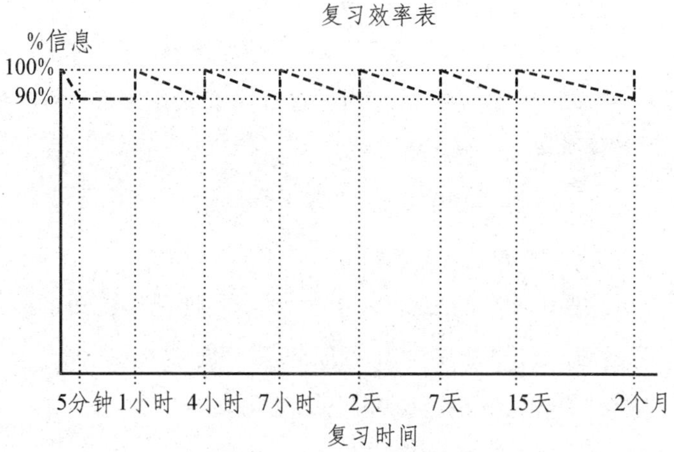

参考前表，我们得出以下结论：

——在接收新知识的5分钟后，温习2分钟（可利用课间时间完成），能帮助我们减少超过90%的信息流失。

——1小时后，重复我们下方给出的*五步复习法*，不仅可以防止遗忘，更能加深理解，100%地将知识收入脑中。

——4小时后，时间到了下午，我们可以把一天的知识拿出来通读一遍，使记忆更牢固。

——如果7小时后，我们还能重复一遍复习，对知识的掌握又可以恢复到100%。

——两天后，是又一轮提升记忆、防止遗忘的关键点。

——1周后、半个月后，再分别进行一次复习。

——如果两个月后，我们又重温了一遍所学的知识，则它们会在脑海中停留很长时间。如果孩子对这些知识倾注了兴趣和热情，则几年之后仍然记得也大有可能。

一些专家（如雷雅托）推崇*5步复习法*：

1. 以口头或书面形式，复述所学知识的大体框架。

2. 对照知识框架，通过回忆添枝加叶（做到越具体越好）。

3. 这时，翻开书本或笔记，对未能回忆出的部分查漏补缺。

4. 合上书本，第二次在脑中回想所有细节。

5. 想象一下，如果自己是老师会如何出考题。

班上，25 名学生在 4 小时内所学到的新知识，1 小时后便被遗忘了大半。这是因为，我们没有在大脑即将遗忘时通过回忆将知识顺势捡起。

华金说，每逢考试前夕，他都必须加班加点，狠狠地抱一抱“佛脚”，因为如果不这么做，他就什么也记不起来。我们采用了本章中讲述的记忆方法，现在他已经可以将一个季度中学到的内容（至少是大部分）完整地保持到学期结束。

18

做一个高效的阅读者

小姑娘拉娜最近遇到点烦心事儿。

她正在念6年级，发觉自己每集中注意力学习一小会儿就感觉特别吃力。当然了，她仍然努力坚持着，并没有因此摇小白旗投降；不过事实上，这样的学习收效甚微。她的成绩一直徘徊在5分到6分之间（满分为10分）。“是大脑的某个功能区出现问题了吗？”母亲一脸担忧，“孩子生下来的时候没什么毛病啊。”

我们在仔细研究了孩子的行为后推测，阅读能力障碍是这一切的罪魁祸首。注意力不集中、成绩无法提高，皆因她没有掌握良好的阅读方式。于是，我们开始带领她重新认识和学习阅读。1周后，孩子的阅读能力就得到了提升；一个半月后，她已经可以在10分钟内记住过去需要花费2到3个小时才能记住的内容。现在，面对其他一些课程（比如数学），她也可以从容应对，高效地完成作业。1年后，拉娜的平均成绩一举爬升到了8.3分。

在小学和初中阶段，教会孩子们如何更好地阅读、更好地书写、更好地说话，这些就足够了。阅读是一门艺术。通过阅读，我们可以更好地感知文字，咀嚼字里行间的味道。阅读同时也是覆盖面最广、最重要、最难以以形象具体的方式言传身教的技能之一。正因如此，教育机构要在阅读方法的教育上下足功夫。

当今社会，学会如何高效、迅速地阅读是相当有必要的。一方面，阅读可以帮助我们更好地掌握知识；另一方面，也可以锻炼和开发智力，帮助我们取得学业上的进步。换句话说，高效的阅读是防止学业滑坡的最佳方法，正确掌握阅读方法的孩子就像是打了一针预防学业落后的防疫针。阅读是孩子需要掌握的技能中最最重要的一项，也是建筑其他“高楼”的基石。这项技能需要我们时时更新、经常练习，而且与孩子的年龄无关。我们应该抓住孩子成长过程中的以下几个重要阶段：

——学前阶段。最迟不超过5岁。

——小学阶段。最迟不超过9岁。

——中学阶段。最迟不超过16岁。

——在需要学习材料或具体课程之前。

阅读的重要性

约有70%到75%的知识通过阅读进入孩子的大脑。如果你认为，随着新时代科技水平的发展上述百分比会逐渐下降，我必须告诉你，事实上恰恰相反——毕竟，生活的要义恰恰在于能否更好地诠释和理解身边的信息。

考虑到阅读是学习过程中一项最基本的技能，我们常常不能理解，为什么学校没能教会孩子如何正确地进行阅读：

——如何更轻松地阅读。

——如何提升阅读速度。

——如何加深对文章的理解。

——如何在大脑中尽可能高效地存储信息。

——如何在关键时刻唤醒阅读记忆。

要知道，上述技能中没有一项与生俱来的。孩子们必须通过后天努力加以掌握，而家长和老师也要给予正确引导。

打个比方来说，阅读技能的学习就像通天的石阶，我们不断地拾阶而上，总是存在“更上一层楼”的可能。歌德80岁的时候，曾在一封信中写道：

“我用大半辈子的时间学习如何阅读，可至今仍不确定我是否掌握了它的精髓。”

如何阅读

眼睛掠过文字的同时，便将信息传入了大脑。随后，大脑负责对信息进行归类整合。

要记住，千万不要逐字阅读，正确的方法应该是让视线从左往右、跳跃性地逐句滑过。

对于一个阅读能力中等的人来说，每一次视线跳跃后，会出现 1/4 秒左右的短暂停顿。这时，眼神会稍稍固定——形象地说，这有点类似于扫描仪在扫描下一页之前出现的短暂停顿。

那么，阅读一行文字我们需要停顿几次呢？ 这取决于每行的文字量和各人视线跳跃的习惯距离。

阅读能力较差的人，只能逐字逐字地阅读。而较好的读者，往往一次可以过滤 3 到 4 个单词。

不过也不用担心，阅读技能是可以通过学习培养的。我们可以逐步拓展眼睛扫过文字的阔度，直到达到“一目多词”的境界。

如何翻页

尽管这听上去有点耸人听闻（翻页也需要学习吗？），但事实上，很多人由于不良的翻页习惯，导致阅读速度比别人慢上至少10%。有些人习惯用手指跟在文字下方滑动，翻页后也不忘将手指从前页的末行移至下页的首行。看看一个高效的读者会怎么做：在一页接近尾声时，他的手腕和手肘会自然地进行翻页的准备，翻页过程衔接紧密，丝毫不会影响到阅读的连贯性。

还要告诉你一个小窍门：以肘关节为支点进行翻页，比用腕关节更加省时省力。

高效读者的几个特点

我的几个孩子读书都既快又好。大女儿的阅读速度甚至可以达到每小时130页（约1 200个单词/分钟）——并非她天资过人，这些都是通过后天学习养成的。几乎每天下午完成家庭作业后，她都能读完一本新书（如果这本书够带劲儿的话）。书没那么有趣也不要紧，最多两个下午，她也就读完了。

如果我的女儿能够通过学习做到这些，换作别的孩子也一样可以。怎样才能做到在不囫囵吞枣的前提下，迅速地阅读呢？没错，理解是快速阅读的大前提。不过首先，让我们来看看高效的读者都有哪些共同的阅读习惯：

——缓缓地、有节奏地移动视线。

——几乎不需要返工。

——视野范围宽阔。

——读完一行或一页后不会出现停顿，阅读连贯且迅速。

——从不大声或小声读出所看内容，甚至在潜意识里也不会“发音”阅读。

——根据文章内容调节阅读速度：在文章赘述一些旁枝末节时快速掠过，遇到关键语句则细细品酌。

——比一般读者的速度快上 4 到 5 倍，且理解精准。

低效读者的阅读习惯

——有限的视觉感知力。逐字或逐音节进行阅读。

——习惯大声或小声读出每句内容。这是指，在看书过程中，需要一个单词一个单词地读过来——显然，这时孩子是通过听觉而非视觉来理解内容的，这在降低阅读速度的同时也影响到对全文的整体把握。默读是最理想的，因为视线所及之处直接入脑，不需要任何其他中介。

——在脑中念出字句。这同样会大大降低我们的阅读速度，而且很难识别、也很难彻底摒弃。想看出孩子是否在脑袋里默念也并非完全没有办法：只需观察他们阅读时颈部的活动即可。同样的，在阅读进行一段时间后，观察孩子是否口干舌燥也是个不错的方法。

尽管这是一个长期形成的阅读弊病，当孩子处在学前期、正在学习阅读方法时，及时纠正还是很有效的。打个比方来说，一个复健中的人，越早丢掉拐杖独立行走就恢复地越快。有些人认为，用手指阅读同样是一种影响速度的阅读方式，但事实上，有些成年人习惯用手指阅读，但这并不影响他们拥有惊人的速度。

——需要时常返工。高效的读者从不回头重复阅读，因为这在大大降低阅读速度的同时，也会影响到阅读的第一印象。

——后退式阅读。这与返工阅读的区别在于：后退式阅读是无意识的，且总是在读完一行内容后重复阅读前一行；返工阅读是有意识的，需要向前退回几行、甚至几页的内容以加深理解。

——词汇量过小。一个词汇量狭小的人，不可能拥有惊人的阅读速度，因为每遇到一个生词都得停下来查阅字典。

——频繁的“小动作”。这里的“小动作”可以是各式各样的身体动作，这些对于阅读来说都是有百害而无一益的。当然，在学习过程中，用笔勾划重点词句或其他一些规律性的动作，是有助于集中精力、加强理解并强化记忆的。

读与阅读

有很多孩子也好，成年人也好，谈到读书时总把读与阅读混为一谈。读，比起理解，更强调吐字的清晰、发音的语音语调、标点符号的停顿长短。

我们在听别人读的时候，则更加注重对文章内容的理解。对听到的内容加以咀嚼，才能帮助我们记住所听到的内容。

文章中想要阐述的道理、接下来会论证什么问题……这些在阅读教学中也至关重要。很多老师只注重发音和语气声调的指导，却忽视了孩子对内容的理解。

解码与阅读

有时候，孩子读书过程中，老师会纠正他读错的某些词句，但这些词句表达的意思其实与原文并无二致。这是因为孩子投入到阅读中，理解了所读文章的内容，并诚实表达出了大脑思索后得出的答案。

激发阅读兴趣，培养读书习惯

要让孩子们肯阅读，得先找到有力的动机。阅读课业书本时，告诉他们将因此学到一些新知识，开拓视野；进行消遣阅读时，告诉他们可以在书海中感受不同际遇，体验多彩人生。

由此来看，阅读本身就是一个提高内心修养的好渠道。有效的阅读（快速且理解精准）可以助我们一臂之力，去探寻字里行间所蕴藏的意义。

从阅读标题和副标题入手

如果我们手边有一篇文章需要仔细研读，可以先从标题和副标题入手。文章中没有出现小标题也不要紧，可以自己动手总结。这些提纲式的小标题能够帮助我们更好地理解和记忆。

理解程度与阅读速度

理解是流畅阅读的产物。有些人认为，读得越慢就越仔细，理解也就越准确。我没说错吧，很多读书慢的人都是这么想的。然而，如果说阅读速度达到 500 个单词/分钟以上时确实会影响理解率的话，那么过分缓慢地推进阅读不但无助于理解，反而会导致分心也是不争的事实。

最佳的阅读方式，无疑是在两者间找到一个平衡点：在尽可能提高阅读速度的同时，确保理解的最大化。

通过分别对阅读速度和理解能力进行练习，再加以综合，阅读技能会得到显著提升。请注意避免前文提到的低效阅读劣习，用良好的习惯去替代它。

计算阅读效率的方法

坚持“两手抓”的原则：一面记录阅读速度，一面测算理解精准度。

我想知道，孩子究竟看懂了多少？

可以通过以下方法评估孩子的阅读理解能力：让孩子仔细阅读一篇文章，随后合上书本，提一些与文章核心内容相关的问题。譬如：

——某些关键词语的含义。

——中心思想。

——段落大意。

——出现的具体数据。

——文中列举的事例。

——推测性内容。这部分内容文章中没有下定论，但通过分析上下文可以得到答案。

孩子们得学会从一篇文章中提取中心思想和关键词句。遇到疑难词语时，可以通过推断近义词的方法确认理解。

后面几章中，我们会详述如何给一篇文章列出提纲。

如果孩子对文章的理解已经达到要求，则应更多训练阅读速度；反之，则应加强理解能力训练。通常的情况是，两方面都存在一定的提升空间。

阅读理解练习的基本步骤

1. 制定训练目标，选定一篇文章。

2. 自查。再次在心中强化阅读动机及目的，同时使大脑处于待命状态，随时准备好将新旧信息整合并串联起来。

3. 集中注意力。

4. 准确辨认文中标点符号，想想它们所代表的意义及用法。作者往往会在停顿、语气等细节上向我们传达或暗示丰富的信息。

老师没有告诉你的事情

为了有效提升孩子的阅读理解能力，我们有必要进行一些传统学校不会去做、而新式学校也常常忽略的新尝试。

学校里，老师会分段讲解课文。我们认为，在阅读的同时应该让孩子注意句间的标点，因为同样的词语与不同的标点放在一起时，上下文表达的含义会出现细微的差别。而这类培养语言敏感度的练习，课堂上却并不常见，进而构成了学生阅读过程中最大的障碍。

我们建议鼓励孩子多思考，学会举一反三、触类旁通，使阅读变得更加高效。死读书是万万不可取的，词语或句子只有放在一定的语境中，才具有意义。

阅读速度

测试孩子阅读速度的方法有很多，不过现在，我们只需要找来一本纯文字的书就够了。计算孩子在 1 分钟内读了多少行，将结果乘以每行的平均字数，就可以得到一个阅读速度的近似值了。

一个高效的阅读者，每分钟大约阅读 500 至 1 000 个单词。

我们向大家推荐这种计算阅读速度的简便方法，它的精确度也许不够，但对于我们下一阶段的目标——提升阅读速度——可以方便地起到计量和参考的作用。

好，我们现在已经了解了如何计算阅读速度，下面要完成的就是突破自己的阅读极限、提升阅读速度了。

刚开始的时候，我们可以将速度练习与理解率相分离，在保证基本理解的前提下，单方面尽可能地提升阅读速度。随着练习的推进，可以逐渐将两者都加入到考察对象中去。

提升阅读速度的小练习

一旦孩子们已经能熟练掌握阅读速度与理解力相融合的练习，就可以进行一些进阶训练了：

——跳跃式阅读。有时候，我们没有必要把文章中每个词句都一一看过（譬如一些举例、论证过程、数据堆砌等等就可以略去不看）。为了能够清楚地分辨出主要与次要信息，我们需要对文章的脉络有较为完整的认识，必须能够回答以下两个问题：文章想要传达的中心思想是什么？次要观点又有哪些？

——除此之外，我们还可以做一些信息定位的练习。进行这项练习的目的，是使孩子能够在遇到类似文章时，用尽量少的时间精准地定位所需信息。

——同样地，我们可以通过下面的小练习拓展目及范围：

计时并记录下从左至右读完下面每组单词所需的时间。先以最快速度将A组单词读完，记下时间。再读一次，看能否将自己的这一纪录打破。

以同样的方式读出B组前10行的单词，然后记录时间。接下来，以更好的状态投入到下面10行的单词中，争取用时比之前再短一点。

就这样，直到合理地达到自己阅读的极限。如果您需要一个标准来衡量，每分钟阅读240个单词就是个不错的成绩了。最关键的一点，要做到无论从哪里捡起，都能够迅速反应并立即向下进行。

然后，我们来到C组练习。直到您达到每分钟350个单词的速度为止。

然后是D组。

然后是E组。

A 组

a	i	o
e	u	y
al	de	con
pon	les	pan
va	si	no
bis	can	cal
col	club	don
tras	en	cruz
ver	dar	del
le	en	fe

flan	faz	fin
tan	gas	he
ver	gol	gris
mal	luz	mar
sal	ser	mí
per	paz	par
las	los	un
que	ras	res
tren	tres	tal

B 组

ala	mesa	río
amo	anda	corre
cosa	árbol	alto
algo	arma	arco
rosa	lío	mesa
amar	cama	peso
mío	corre	atar

busco	mapa	mamá
costra	madre	papá
rana	risa	ruso
nata	niño	pesa
pena	piña	lobo
aro	ancho	crío
arroz	malo	puro
asa	balcón	bolo
atún	calor	beso
caja	collar	dolor
barca	doce	gallo
final	hada	azul
isla	lana	banda

C 组

abajo	abdomen	abeja
barbero	bahía	babosa
caballo	cabaña	cabello

chalado	chantaje	chaparro
dálmata	debajo	debate
educar	efecto	eficaz
gacela	galante	galardón
fábrica	fábula	factura
hechizo	helado	hereje
idea	ideal	igualar
jabalí	jabato	jaguar
migaja	milagro	milano
naranja	natural	navaja
oasis	objeto	oscuro
rábano	rabiar	ración
tabaco	taberna	tabique
úbeda	úlcera	único
vaciar	vacío	vacuna
yeguada	yugular	yunque
unión	usura	urraca

D 组

abandono	abanico	abarcar
abejorro	abierto	abogado
adjetivo	admirable	aceituna
bacalao	bachillerato	balcánico
cabecera	cacahuete	cachorro
calavera	calificar	chaparrón
deficiente	deformación	definición
economía	ecuación	ecuador
educación	ejército	electoral
elefante	elocuente	elevado
elemento	embarazo	emisario
galápago	galería	gamberro
guerrero	geografía	geranio
gloria	gimnasia	glorioso
habilidad	habitación	habitante
hermano	hermoso	historia
ibérico	idioma	iluminar

iglesia	ignorante	imaginar
importancia	importante	impotencia
impresión	inauguración	impropio

E 组

el ala	la mesa	un río
el amo	él anda	él corre
la cosa	un árbol	más alto
con algo	el arma	un arco
una rosa	un lío	la masa
tu amas	con peso	la cama
es mío	tú corres	no ato
me busca	mi mapa	tu mano
la costra	mi madre	el papá
la rana	con risa	un ruso
con nata	sin niño	no pesa
con pena	la piña	un lobo
con arroz	más puro	el malo

se asa	mi balcón	un bolo
el filo	la isla	con lana
por banda	su alón	el bastón
sin buzón	con daño	por dudar
el ave	con pelo	su piña
mi potro	su arca	el pozo
sin comer	me compro	dos coches

F 组

Los árboles	frondosos proporcionan	buenas sombras
los pájaros	revolotean entre	las ramas
el lince es	un animal	salvaje
los animales	salvajes	huyen del hombre
la nutria	tiene un pelo	muy suave
las cigüeñas	hacen sus nidos	en los campanarios
los gatos	poseen unas	uñas retráctiles
los cuadrúpedos	son animales	de cuatro patas
los aviones	vuelan	a gran altura

los zapateros	trabajan	en la zapatería
las nubes	dejan	caer el agua
las ballenas	viven	en los océanos
Juan tiró	una piedra	al río
tengo	tres hermanos	muy estudiosos
el pelo	de María	es castaño
vivir en	grandes ciudades	es agobiante
cantidad es	un grupo	de unidades
los gatos	maúllan cuando se sienten	abandonados
los leones	solo atacan cuando	tienen hambre
forma en tu	mente un ideal	y síguelo

文本阅读之外……

除了阅读短篇小说、说明文这两类文体外，我们还需要培养阅读数据表、提纲、图表、插图、表格、梗概图等等的能力。同样地，在理解的基础上掌握快速阅读的最佳方式只有一个：练习，再练习。

19

多角度思考 解决问题

想要掌握解决问题的能力，没有捷径可言。

通常情况下，我们遇到的问题种类其实很有限，都可以分解为一个个的小问题——顶复杂的问题也不过由 3 到 4 个小问题构成。成功化解难题的秘诀就在于：分别加以分析，然后一一攻破——要知道，人具有主观能动性，我们有能力成功化解任何挡在面前的问题和困难。胡安·伊格纳西奥·希拉克早年生活在马德里，他领悟到了这一点，于 41 岁斩获西班牙阿斯图里亚斯王子奖社会科学奖，如今已成为世界上最杰出的科学家之一、诺贝尔奖的热门候选人。所有问题都有它的解决方法，任何人都有解决问题的强大潜能。

而阻碍我们前行的障碍主要有以下几点：

——缺乏必要的努力。

——缺乏恒心。

——缺乏解决问题的技能（这恰是最重要的一点）。

大脑的信息处理模式

每个人的大脑都有自己偏爱的一套运行模式，通过它，我们能够以更快更直接的方式处理问题；但在这套模式之外，往往还有另一套备用模式——有关这一点稍后详述——我们总是忽略这套备用模式的功能，也正因如此，无形中埋藏了自己的潜力，止步于成功门前。

解决问题的策略有两大类，让我们用下面两种形象的方式来称呼它们：

♥及地搜寻

（及地搜寻者拥有以下特征）

——小心谨慎

——耐心十足

——强大的逻辑性思维

——寻求可靠的信息源

——从不心血来潮地做事，反对模棱两可、无端揣测的答案

——最细微的细节也不放过，仔细推敲

——思维模式系统化，从一个结论推导出另一个结论

♥俯瞰搜寻

（俯瞰搜寻者拥有以下特征）

——更多从直觉而非系统性的推算出发

——习惯从更加宏观的角度去看问题

——从直觉而非逻辑分析入手

——快速扫过主体信息，思考一系列可能解决问题的方法，之后再一一验证

——正因拥有更加广阔的视角，这类人得以更迅速地找到问题的解决方法；但与此同时，也存在忽略某些关键点的危险，而有时它们恰好是解决问题的钥匙

两种策略孰优孰劣?

这一点因人而异，也因问题而异。倾向于及地搜寻的人，往往只寻求一种正确答案；而习惯于俯瞰搜寻的人，找寻的是所有可行的方案。也有些问题，使用前者会找到更多的答案；或后者，反之亦然。

出现这种现象的原因在于，不仅解决问题有两种策略，问题本身也包含两种类型。

问题的 3 项基本要素

经过化解，所有问题都包含 3 项基本要素：信息数据、怎么做以及这样做的目的。为了能够顺利解决问题，我们需要准确识别这些要素并熟知它们的含义。

将一个问题的骨架结构剖析出来，也就是我们所说的辨别组成问题的 3 项基本要素。

一旦每项要素都得以分化出来，问题也就得到了简化。

简化难题

把小问题各个击破，比解决一个大问题容易得多。因此，我们要做的就是，将问题结构尽可能分解到最小，换句话说，就是要将问题的要素转化为更易处理的单位。

此外，我们还可以通过图解的方式更好地理解组成问题各要素间的关系，以便更快地找到解决办法。

大脑备用体系

我们说，除了上文中提到的及地搜寻和俯瞰搜寻外，还有一种很重要的方法，需要运用到大脑的备用体系。

爱因斯坦有一次被问道："你的实验室在哪里？"

他指向自己的钢笔——尽管他完全可以指向自己的大脑。

因为在他看来，那些让他成为现代物理学开创者和奠基人的所有科学成就，并不是在实验室里取得的，而是大脑高效运转的产物。

量子学说就是爱因斯坦通过大脑想象论证的结果，从此解开了物理世界又一大谜题。

正如霍夫曼[①]写到的，“相对论最独一无二的地方，恰恰在于没有任何逻辑的道路指向它。”

而爱因斯坦时空观的建立，按他自己的话来说，则得益于他“怪异的、纯理论的思考方式”。

当他被问到，他是如何保持思维清晰，并坚定地投入到自己的理论研究中时，他回答道：“我只是赋予脑袋里所有类型的想法和画面以自由的空间。之后，当我面对一些亟须解决的问题时，我就将脑中的意向输出为某种符号形式（数学语言或某种文字），然后问题便迎刃而解了。”

爱因斯坦大大发展了这项思维技巧——不需言语，只需在脑海中进行演绎——这也成为他最爱使用的研究方法。

他写道：“当我反思自己所做的推理时，发现幻想能力对我来说尤为重要，它甚至比获取知识的天赋还要重要。”

——爱因斯坦 16 岁时开始运用这套思维体系，比起实地经验，他更多地信赖想象的力量。同年，他开始思考光的物理属性，这其中的

---

① 霍夫曼(1906—1986)，科学家，作家。霍夫曼与爱因斯坦的私人秘书合写了一本内容丰富但却是歌颂式的传记《爱因斯坦：创造者与叛逆者》(Albert Einstein：Creator and Rebel)。爱因斯坦百年诞辰时，他们又写了另外一本书《爱因斯坦：人性的一面》(Albert Einstein：The Human Side)，书的重点放在爱因斯坦与别人有趣而愉快的书信往来上。

一些想法成为后来构筑相对论的重要基石。

——在设想光的基本属性时，由于光速过快难以捉摸，他就想象自己乘坐一架空间飞行器在时光中旅行。他在脑海中设想周围光线的模样，由此通向了他最伟大的发现——光子说。

——再后来，在研究分子体积时，一杯茶给了他灵感，促使他进行了一项思维实验，为另一项重要发现起到了极大的推动作用：

他将茶想象为没有任何结构的液体，将投入方糖的分子看作大量小而坚硬的球体。这使他理解了这些小球如何通过液体并扩散、液体如何影响方糖的稳固性，并推导出了相应的方程式。

——20 世纪初，爱因斯坦做出了一项足以撼动物理学界的大胆猜测。他发现，在当时被奉为圭臬的牛顿万有引力定律居然存在巨大漏洞。

他想象自己置身于一架飞行器中，以超光速飞往空间的最远层。随后，他设想飞行器墙壁上有一道沟槽，使对面墙壁上的一束光可以通过。这让他想到，如果飞行器以足够快的速度飞行，飞过一段有限的距离，光束透过飞行器，那么在飞行器里面的人就一定会看到光束的扭曲。

基于这一构想，爱因斯坦发表了一篇文章，断言重力有能力使光发生扭曲。

尽管在当时，他的这一理论饱受争议，后来的一次日食却证实了他的这一猜想。多亏了人类太空技术的发展，物理学家们证明了太阳巨大的重力使来自一颗远星的光线沿着一条弯曲的轨迹向前射出。

一起来试试看！

像爱因斯坦一样，世界上许多热爱思考的人（包括很多诺贝尔奖获得者），还有我们的诺贝尔奖热门候选人胡安·伊格纳西奥·希拉克先生，这些当今世界最最杰出的人物，都宣称习惯使用形象思维而非语言表述作为思考主力，因为这样可以逃离语言强加的逻辑束缚。

通过画面想象来代替人类创造出的符号（文字语言和数字符号）进行思考，已经成为攀登人类进步高峰的一项黄金策略。

每个人都可以做这样的尝试。我们可以通过想象、通过形象的画面思考，解决日常生活琐事和工作难题，走入其他方式无法涉足的地带，找寻到不一样的答案。

要学好，勤动脑

为了能使大脑更好地运转，我们要多动脑，勤思考。建议您不妨多做做以下练习：

——阅读

——回想。

——冥想。

——集中注意力。

——运用创造力。

——制定有价值的既定目标，坚定实现它的想法和信念。

最后，我们还应牢记几位诺贝尔奖获得者——洛扎诺夫、史派利、罗伯特·奥恩斯坦因——曾经说过的话：

当我们的大脑完全苏醒、处于警备状态或锁定特定目标时，生活中的很多问题便会迎刃而解。

当大脑处在放松状态时，人的反应会更快、吸收到的新知识也会更多。

20

循序渐进学运算

家人与老师应共同引导孩子，尽早系统地接触数学运算。

我们从 10 以内的数字开始学起（即 0，1，2，3，4，5，6，7，8，9）。对于年龄较小的孩子，我们建议制作一些小卡片，并在一旁用图形的多少表示数字的含义。如下图：

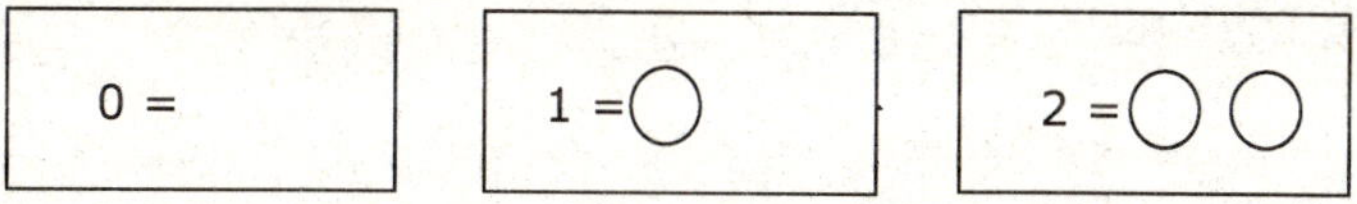

当孩子掌握了这 10 个数字以后，我们就可以接着教加减乘除的四则运算法则了。

接下来，教孩子 10 到 15 间的数字。在进入 16 以上的数字时，告

诉他们数字叠加的逻辑规律：16 即 10 加 6，17 即 10 加 7……①

然后，进入整十的数字学习：20，30，40，50，60，70，80，90，100。解释给他们听，尽管 20 的拼写看不出章法，从 30 开始却都有规律可循，一直到 100（再次出现无章法的情况）②。接下来是 101，102……

把握计算教学的基本原则

在分别学习四则运算法则的同时，培养孩子交叉综合运用四则运算的能力，加强对运算律的理解和掌握。

学习过程中，应避免不必要的时间浪费。譬如：

——重复练习。有时候，老师布置给孩子四道加法练习题，本质上大同小异，也许只做两道或一道便足矣。把不同练习穿插进行，提高孩子的兴趣。

---

① 西班牙语中 1 到 15 均为不规则拼写，从 16 开始有规律叠加，如 16＝10＋6（dieciseis＝diez y seis）。

② 西班牙语中 20 的拼法为 veinte，与 2（dos）写法迥异；而从 30 开始便有规律可循，如 30（tre-inta）与 3（tres），40（cua-renta）与 4（cuatro），50（cinc-uenta）与 5（cinco），等等。

——过度学习。

——对运算步骤的解释越详细越好，避免含混不清、模棱两可地一笔带过。

不良的学习方法不仅占用了我们大量宝贵的时间，还会导致孩子疲乏、厌倦，产生压力和焦虑感，最终产生放弃的念头。

以 3 到 4 个数字为一组

在做加法练习的时候，可以首先将 1，2，3 三个数字组成一组。然后，同样的，用这三个数字做减法练习。

乘法亦然。

加一个数字（4），用这四个数字做除法练习：4 除以 2；2 除以 2；3 除以 1。

然后，再加上 4 个数字（1 到 8），重复上述步骤练习四则运算。

加法与减法运算

告诉孩子，加法就是把多个数字合并成一个数字，其中每个被合并的数字叫做加数，它们之间的顺序改变对结果不会产生影响。

在学习加法运算的时候，可以使用本章开头部分提到的小卡片，充分调动孩子们的听觉、视觉和触觉感官。

减法运算也是一样。要让孩子看到并感知到数字运算的结果。可以每天进行5组练习。例如：

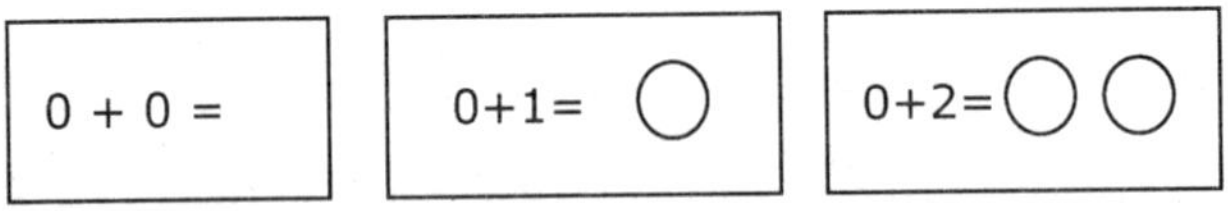

将加法与减法运算放在同一练习中穿插进行。

从加法开始，在减法、乘法、除法、乘方、分数等一系列运算中，都应引入等式的概念。可以适当介绍未知数 x 的用法，为将来的代数学习打下基础。

告诉孩子，减法运算就是去掉、减少、减去、缩小。我们可以通过加法运算的概念图版给孩子以更加直观的认识：

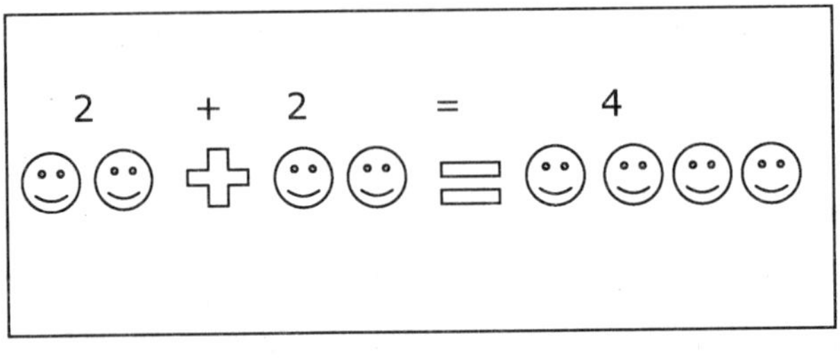

10以上的数字

在学习了10以内数字加减乘除运算法则之后，我们就进入到20以内的数字学习了。不过，在引入这些数字时，我们可以使用以下图版，将每十个数字圈在一起，方便孩子理解：

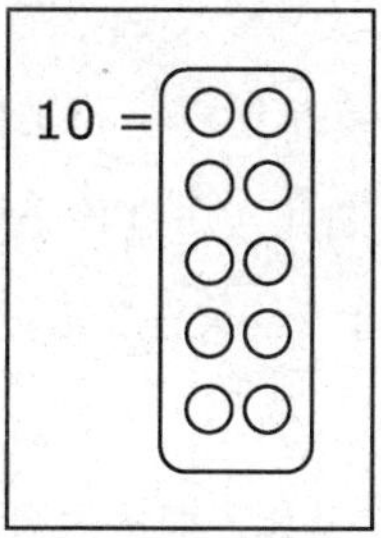

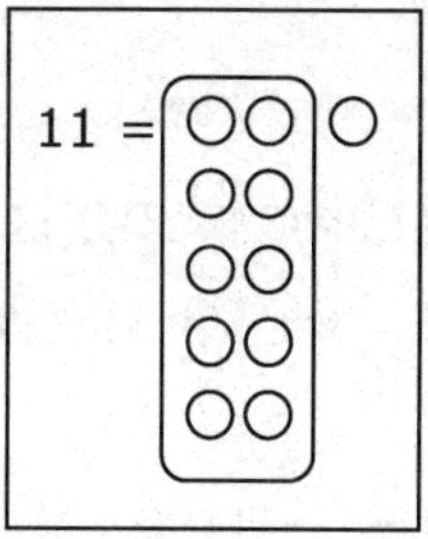

这时，孩子脑海中就有了“十”和“单”这两个概念。“十”就是被圈入左边圈圈里的数字，“单”就是右边留下来的数字。

因此，26 = 6个“单”+2个“十”，如下图所示：

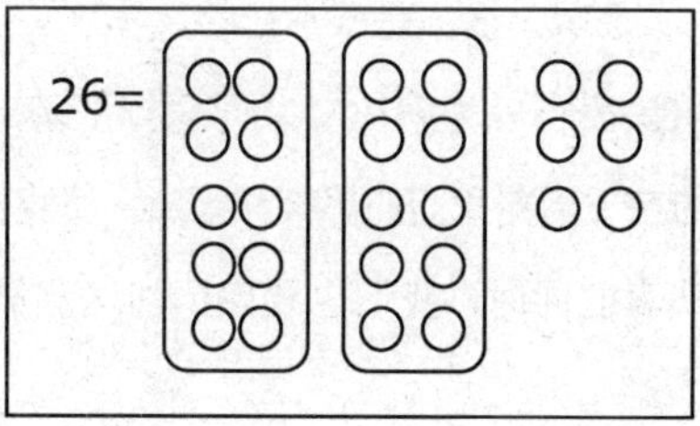

运算口诀表

在讲解传统的乘法口诀表时，应该同时辅以加法和减法的口诀表。告诉孩子，加减法口诀表在日常生活中经常被使用，成年人也离不开它。

8 加 6 等于 14，我们不需要每次都重新掰着手指重数一遍，这是因为大脑已经牢牢记住了这个等式。因此，一旦孩子们理解了加减法的原理，熟记口诀就显得非常管用了（乘法口诀也是同样的道理）。

记忆过程中，可以先从最简单的数字开始，加法的结果以不超过 10 为准。

一旦孩子按照口诀形成了条件反射，就可以直接得出计算结果了。要给孩子树立这样的概念：数学是为了解决更为复杂的问题而存在的，运算只是一门工具，而不是根本目的。

数学运算和口诀表可以为解决复杂问题打下基础，它们最根本、也是最重要的目的在于培养我们的思维和智商，使我们变得更聪明。

背诵乘法口诀表的同时，我们也要熟记加法和减法口诀表，不能厚此薄彼：

加法口诀表

0+0=0	1+0=1	2+0=2	3+0=3	4+0=4	5+0=5
0+1=1	1+1=2	2+1=3	3+1=4	4+1=5	5+1=6
0+2=2	1+2=3	2+2=4	3+2=5	4+2=6	5+2=7
0+3=3	1+3=4	2+3=5	3+3=6	4+3=7	5+3=8
0+4=4	1+4=5	2+4=6	3+4=7	4+4=8	5+4=9
0+5=5	1+5=6	2+5=7	3+5=8	4+5=9	
0+6=6	1+6=7	2+6=8	3+6=9		
0+7=7	1+7=8	2+7=9			
0+8=8	1+8=9				
0+9=9					
6+0=6	7+0=7	8+0=8	9+0=9		
6+1=7	7+1=8	8+1=9			
6+2=8	7+2=9				
6+3=9					

减法口诀表

1−0=1	2−0=2	3−0=3	4−0=4	5−0=5	6−0=6	7−0=7
1−1=0	2−1=1	3−1=2	4−1=3	5−1=4	6−1=5	7−1=6
	2−2=0	3−2=1	4−2=2	5−2=3	6−2=4	7−2=5
		3−3=0	4−3=1	5−3=2	6−3=3	7−3=4
			4−4=0	5−4=1	6−4=2	7−4=3
				5−5=0	6−5=1	7−5=2
					6−6=0	7−6=1
						7−7=0

8－0＝8	9－0＝9
8－1＝7	9－1＝8
8－2＝6	9－2＝7
8－3＝5	9－3＝6
8－4＝4	9－4＝5
8－5＝3	9－5＝4
8－6＝2	9－6＝3
8－7＝1	9－7＝2
8－8＝0	9－8＝1
	9－9＝0

运算小贴士

——两个相同的数字相加，计算起来更容易。如：

8＋8＝16　7＋7＝14

——颠倒顺序便于记忆：

8＋7＝15　7＋8＝15

——把大数放在第一个加数的位置，计算起来更容易。如：

8＋3＝11　比　3＋8＝11　更易计算

——遇到上述情况时，脑中要形成条件反射，迅速运行加法交换律。

——当加数多于两个时，为了简化运算，我们可以运用加法结合律，进行组合计算。如：

3＋4＋7＝10＋4＝14

——当加减法中出现 9，99，999 这样的数字时，可以用 10，100，1 000 来简化运算，最后在结果上加减 1。如：

6 748＋999＝6 748＋1 000－1＝7 747

6 748－999＝6 748－1 000＋1＝5 749

——同样地，遇到 8，98，998 这类数字也可以这么处理。记得要在结果上加减 2。

——当遇到整十、整百、整千类的数字时，可以先将数字末尾的零抹去，在返回结果时再将零添上。此外，1 乘以任何数等于该数本身，0 乘以任何数都得 0。

乘法运算

乘法是加法的简便运算。因此，在学习加法时就可以适当引入乘法的概念，这样一来，孩子可以更好地理解两者间的关系。

有人说，乘法就是将一个数字不停地重复重复再重复。

乘法口诀是最基础的数学知识之一，对今后的复杂计算具有重要的支撑作用，务必熟练掌握。

和加减法的学习一样，乘法口诀也可以 3 个数字 3 个数字地分阶段练习。记住，5 分钟后复习新学知识，1 小时、4 小时后再温习一遍。

一天学习下来，对在这 3 个数字运算过程中曾犯过的错误进行回顾、总结。

在辅以卡片的教学过程中（关于卡片教学，我们后面将用一整章的篇幅来介绍），在不过度学习情况下，孩子们必须对自己无法准确理解的数字勤加复习，直至掌握。

掌握乘法口诀表后，适时引入乘法的交换律。进行实际运算时，将 8×5 转换为 5×8 会使他们更快地得出答案。

将乘方的概念穿插在乘法学习中，也是个不错的主意。

除法运算

在教授孩子加减法的同时，适当引入乘除法的概念。

$3+3+3=3\times 3$

9：3=9—3

6—3

3—3

此外，在学习乘法法则的时候，告诉孩子，除法是乘法的逆运算。而在学习除法时，则可适当引入分数的概念。

十进制

要让孩子明白，任何一个数字，都是由“个”、“十”、“百”等几部分构成的。

“个”，是所有数字末位余下的数字；“十”、“百”、“千”则分别由整十、整百、整千个数字拼合而成。

与之前一样，教“百”这个概念的时候，可以用10个由10个小圆圈组成的组合来加深孩子的印象，同时锻炼孩子的动手能力。

如果我们发现，孩子时常辨识不清那些零散的数字（如1到9），我们应耐心指导——毕竟，1到9这9个数字的写法是完全无规律的，理解和记忆都需要时间。要知道，我们的母语（西班牙语）从拉丁文演化而来，是从左至右书写的；而阿拉伯数字——当然是从阿拉伯传来——是从右往左书写的，并逐步发展成现在国际通用的数字符号。

因此，我们就不难理解，为什么做减法的时候要从右往左一位一位地进行运算、做乘法时为什么两个数一定要自右对齐，而书写数字时却是从左往右的。原来，这是由于计算过程中保留了阿拉伯传统、而书写时仍然使用拉丁文体系造成的。

带括号运算

从最基础的数学运算课程开始，孩子们就应该接触一些带括号的运算。可以通过对比，让他们了解括号对运算结果造成的影响。

在孩子刚刚结束加法和减法的学习时，就可以引入括号的概念，告诉他们什么是移项法则，以及各种符号和表达式的使用优先顺序。

将运算带入实际运用

孩子每学会 3 个数字，就可以用教室里或家里的实物——如椅子、盒子、玩具娃娃、玻璃珠等——给他们出些小题目。

出这些题目的目的是要让他们明白，数学不是纸上谈兵，而是一门生活中不可缺少的艺术。要让孩子逐渐习惯运用抽象思维，在没有实物的情况下也能通过大脑构想解决问题。

计量单位

兴趣是最好的老师，也是使学生能持之以恒地学习的催化剂，没有兴趣就没有求知欲。当题目中出现一些具体单位时，要巧用身边实物对孩子进行启发和诱导。这样可以：

——增强孩子的兴趣。

——让他们感觉到，所学知识在生活中大有用处。

再说一个真实的例子

罗德里格今年17岁，智商水平中等偏下，小学毕业的平均学分只有5.6分。但后来，当他接触数学、渐渐培养起领悟数学语言的能力后，在一次数学竞赛中脱颖而出，最终成为大二、大三两个年级中唯一取得物理、数学双学位的5名学生中的一员。

21

如何划重点

胡里奥缺乏良好的学习方法，不但书读不好，甚至无法清楚有力地表达自己的想法——无论是口头还是笔头。

我们让他从学习划重点开始。突然间，他的思维像一架自动桥一样伸展开来，而且毫不费力。开始时，我们给他一些简单的句子和段落，他渐渐理解了其中的要义。再后来，整篇文章也不在话下了。从那时候开始，对他而言所有学习任务似乎都一夜之间变得异常轻松。

划重点，就是在文章中挑出最关键的那一部分。通常我们会用笔在这些内容下方划线，通读全文后将它们串连起来加以思考、整合，以便清楚地把握作者想要传达的中心思想。划出的内容应是文章中的关键词及中心语句。

在有些文章中，对关键词句会有一些小提示（它们往往被用黑体、斜体或星号标出）。

对于6W——是什么？在哪儿？什么时候？为什么？谁？怎么样？(英语为what? where? when? why? who? how?) ——问题的答案，阅读时也应当予以划出。

划重点的第一层面是将文章的框架提炼出来，第二层面是进行概括总结。由此，我们可以看出划重点的重要性：重点找得越准，意味着对文章的理解越明晰透彻。

♥划重点一例

羊毛从一些动物的皮毛中取得(比如绵羊)，通常被纺成纺织布，用来制作纺织品、羊毛大衣等。羊毛被拉成长丝状，接着绕成线球。这些羊毛通过纺织机纺成羊毛成品。

22

图示化与分析

如果理解足够透彻，就可以轻易地勾画出提纲。清楚准确地理解文章的内部结构——无论是用口头或笔头的方式表达出来——是确保孩子真正理解文章内容的最佳途径。将文章图示化也是帮助我们记忆的一种便捷方式，在向别人解释时也更加直观。

图示化，简单来说，就是通过一幅逻辑关系图阐明关键要点。需要做的是用一定的逻辑关系理清文章脉络：关键信息优先，次要信息依情况加减。所谓次要信息，就是一些说明性数据、列举的事例或其他可能出现的细节。

在图示中，我们可以使用自己的词句（多用原文词句当然更好），使用哪种类型的图表也可以由我们自行决定。不过，千万不要舍本求末：图示化的目的在于给读者以更加简明直观的认识。

下面我们向大家展示几类常见的图示：箭头结构图、大纲图、大括号结构图、树状图、雷达图。

■ 例子：

大纲图

人类身体组成结构：

1. 头
2. 躯干
3. 四肢
    3.1 上肢
    3.2 下肢

箭头结构图

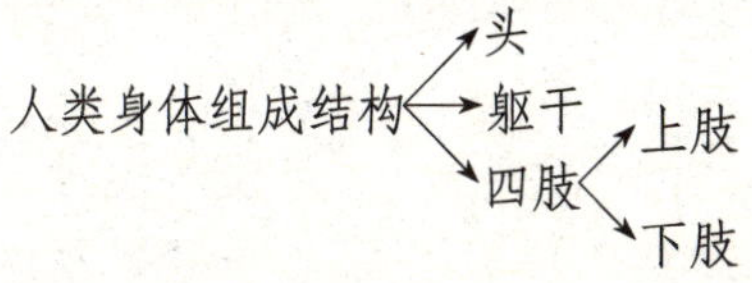

大括号结构图

树 状 图

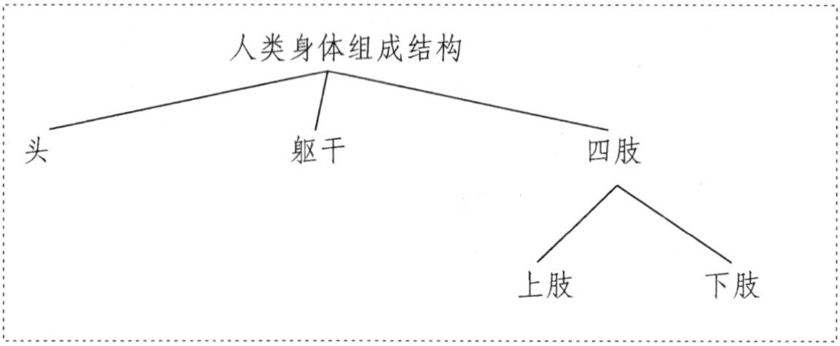

雷 达 图

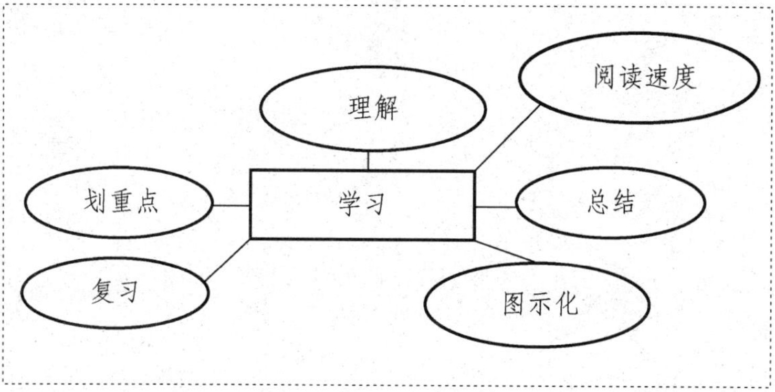

23

概括与理解

由于从小受到良好的家庭教育，10 岁的小安娜已经掌握了相当好的概括和讲述能力，无论是看过的电影或是经历过的事，都能够绘声绘色地娓娓道来。秘诀就在于：她从年幼时就开始学习如何概括总结，很享受将宏大的叙述浓缩成短短几句的过程。

“这样一来，不管我去哪都不会忘掉它啦，更棒的是，我可以在很短的时间内回忆起很多可以讲述的事情。”安娜说。

概括，就是将一篇文章或一幅图表的核心内容以简练的语言浓缩在 5 行的篇幅以内。

♥篇幅控制

我从事教学多年，一直在努力帮助孩子们学会诠释不同类型文章或图表的含义。依照我的经验，可以建议孩子们在概括大意时使用自己的语言，并且最多不要超过5行。无论原文的篇幅长短如何——一段也好、一整本书也罢——概括时都最好不要超过5行。

♥如何概括？

我们向您提供两种可行的方法：

A.从提纲中获取大意，根据提纲结构走向进行整合处理，删除次要信息。

因此，沿用上一章的例子，概述的表达可以是："人的身体由躯干、头和四肢组成。"

B.另一种方法：

1.划分文章中的句子。这一点很简单，因为每句的末尾都是由句号或句号后另起一段实现的。

2.用自己的话分别概括出每句话的含义——越简明易懂越

好——并用一个小的连字符“-”串联起来。尽量精简用词——如果文章用词相对简单，可直接使用文章中的词汇。尽可能每句话占一行。

3. 删除含义重复的词句，如果有的话。

4. 用适当的连接词加以整合，如果不确定两者间的关系，就用“和”。通读一遍，修改不通顺的地方——具体化或继续缩减——最重要的是，概括一定要忠于原文。

让我们来看一个例子。以下是原文段落：

在我们教育孩子的时候，一定要向他们展示生活最真实的一面。真话比谎言造成的伤害要小得多。我们有能力驾驭生活中的各种情绪，使自己积极面对新情况、承受匮乏——就像我们生过病才能产生免疫能力一样。

我们可以遵循以下步骤进行概括：

1. 在我们教育孩子的时候，一定要向他们展示生活最真实的一面。/真话比谎言造成的伤害要小得多。/我们有能力驾驭生活中的各种情绪，使自己有积极面对新情况、承受匮乏——就像我们生过病才能产生免疫能力一样。

2. 教育应如实展示生活。

真话没有谎言造成的伤害大。

我们有能力驾驭情绪，使之正确面对新情况、承受匮乏。

3. 没有重复含义。

4. 因此，对这段话的概述可以是：教育应如实展示生活，因为谎言会比真话造成更大的伤害，况且我们有能力主宰自己的情绪。

24

制作专属于
你的学习卡片

安东尼奥今年初二。所有初一、初二需要掌握的知识点都被融进了他那60多张学习卡片里。他将卡片随身携带，从一张张小卡片里学会了如何有理有据地表达自己观点。

其实，需要掌握的关键知识点并没有那么多，弄懂了每一个点以及它们之间的关联，也就八九不离十了。

“这些卡片给了我极大的自信。”安东尼奥写道。

在使用传统学习方法记忆（背诵法、提纲概括法）的同时，辅以卡片学习的方式，进行选择性地复习和再记忆，可以做到劳逸结合、避免过度学习并提高效率。更重要的是，这样做可以抓住零碎的时间，以一种更舒适、更愉悦的方式加深记忆——“小剂量”可以使学习变得很有趣。

孩子们经常被自己学习的时间所欺骗。有时候，他们试着连续两小时集中精力认真学习，但效果却不尽如人意。还有些孩子认为，只要满两小时就达到了目标，中途开开小差、分分心，又有什么关系。针对这种现象，我们要循序渐进，一步一步地延长集中注意力的时间。

首先，我们需要了解孩子全神贯注学习的时间极限。然后，我们可以一分钟一分钟地逐步拉长时间。为了更加分秒必用地投入到学习中去，我们必须用秘密武器：学习卡片。

制作学习卡片

取一张8英寸的纸。正面用来写问题，反面记录答案。

每张学习卡片上只能有一项具体内容，可以佐以图画。如果提纲很长，在一张卡片上写不下，可以另附一张卡片。

卡片上的主题级别要层次分明，这样每一部分就不会占据大量的卡片。这样做也可以避免过快产生疲劳感。

使用卡片学习的好处

——避免不必要的重复复习。特别在考试前夕，卡片可以清楚地告诉我们曾经学过哪些知识点。

——帮助构建知识网，并在脑中形成体系。

——使知识间的衔接更加逻辑化、使概念更顺更有条理。

——更容易集中注意力。

——有效防止过度学习。

——使复习变得简单。

——节省时间且携带方便。

——经过总结写入卡片的内容浓缩了书本中的精华，因而更精辟。

——使大脑能够以更适合自己、更具个性化的方式运作，从而提高了效率。

■ 例子：

正　面

生态系统 1	概念
什么是生态系统？	

反　面

生态系统是指由生物群落与
无机环境构成的统一整体。

正　面

生态系统 2
生态系统中生物群落包含哪些?

反　面

动　物
植　物
微生物

复习步骤

1. 取出同一主题的全部卡片（如上例中的“生态系统”系列）。

2. 逐张学习卡片内容。

3. 重新按顺序整理好卡片——这就是为什么我们要给卡片逐一编号的原因——并一一回答卡片正面的问题。

4. 当读完卡片正面的问题（尚未翻至反面）就已确信自己知道问题答案时，直接将它放至这一沓卡片的最后。当这张卡片再次出现时——这意味着一轮的学习已经结束——如果你仍然对答案相当确信，则可将该卡片抽出；如果感到有些不确定，将其继续放入这沓卡片，等下一轮结束时再做决定。

5. 通过这种方法，几轮过后，手上会剩下一些没有掌握牢固的卡片。再进行几轮，直到手中剩下 6 到 8 张卡片。将这些卡片正面朝上，平行排成两列。

6. 将它们随机打乱次序，问问自己能否准确回答它们。若答案与反面内容一致，则将其移除；直到桌面上的卡片全部被移除。

7. 需要注意的是，尽管最后的这 6 张（或 8 张）卡片我们也成功记住了，但因为回答它们相对困难，我们应把它们另放一沓，在合适的时候拿出来勤加复习——比如在公共汽车上，或是在医院候诊时，等等。

8. 卡片学习最大的特点，不在于反复记忆已学会的，而在于选择性地复习并强化有难度的那部分知识点。

利用卡片学外语

大家还记得吗，我们在前文说过，学习卡片上也可以出现图画、提纲、时间表等信息。在制作外语学习类卡片时，我们可以在一张卡片的正面写出 3 个词，再在反面写上外语中相对应的单词。完整的问句或其他表达方式也一样（每张卡片写上一句即可）。

25

做好笔记有诀窍

路易斯有个烦恼：每当老师在课堂上解释一些课本上没有出现的内容时，他就会很焦虑。他试着用脑袋把所有内容都记下来，可过了一会儿就不知道哪儿对哪儿了。这让路易斯产生了一种强烈的焦躁感，甚至怀疑是不是自己太笨了。在学习了简单的做笔记的方法后，他开始渐渐习惯在听课和思考的同时用笔记录下关键知识点——这使他受益匪浅：原本挂科两门的他居然全科通过，而且平均学分点一跃达到了7.2分。

俗话说得好，“好记性不如烂笔头”。笔记在很多不同的场合都是相当有用的。

让我们先来看看，笔记有哪些分类：

——记录关键词。例如：

学习：理解

阅读速度

划重点

图示化

概括

复习

——记录短句。例如：

学习：理解文章

快速阅读

划出重点内容

从内容中提炼提纲

概括全文，不超过 5 行

在关键时间点进行复习

——缩写速记。例如：读，理解，划重点，提纲，总结，复习，直到掌握。

有效利用书页边白、不同字体和分级标题

——书页边白：书的上下左右四处都留有边白，阅读时可以随时就

自己的理解和感悟加旁注。

——字体和分级标题：尽管记笔记时我们往往只使用一种颜色的圆珠笔（这是大多数人做笔记的情况，也更迅速），但我们可以用不同体例大小的字体来标记重要性，这样我们在日后复习时便更有侧重。

例如，主题可以用大写字母标出，一级标题用稍小的大写字母表示，二级标题使用小写字母并加下划线，正文部分使用正常字体。在复习笔记时，可以用星号、着重号、缩格等方式加以强调：

法国大革命

<u>历史背景</u>

<u>在法国：</u> *mkmmmnbh nbhb jvgvnn bm bjhjbjknb jnnb nb nnb nbnmmkj njklkm b kjnm bnmlb ...*

<u>在欧洲其他各国：</u> *niwnjnrw nijnjw njnw njnrj oncwrn nwnclnlnlknc ncrjncljwnjlnjln ncljwncjlncjlnc ...*

速记缩写

笔记是一种个性化的展示，只需保证笔记主人能够会意即可。我们常常用到速记——请务必保证，在回头整理时能够让自己看得清楚明白。

日常用语中，很多口头表达或单词形式会经常出现（比如西班牙语中以-ción，-mente，-dad 结尾的单词）。

我们要形成自己的一套缩写规则并熟练运用，在听到这样的词后迅速记下缩写，以保证获取信息的速度，不影响后面内容的理解。

例如：

Ej.：例如

Rz.：原因

Carac.：特点

Sent.：含义

-M.（audazm.）：-mente(audazmente)勇敢地

X：为了

Xq：因为

+：更多

?：疑问

Adv.：副词

Adj.：形容词

Ext.：外部

Int.：内部

D：的

Hta：从……

Dsd：到……

=：等于

(cali)：-dad(calidad)质量

$：钱

Tmp：时间

等等。

26

第一印象很重要

高考出榜那天，劳拉和托马斯的成绩令人大跌眼镜：他俩初一、初二时的平均分有 5.4 和 9.2 分，而高考成绩居然只有 4.1 分和 6 分!

让我来告诉你们这是怎么一回事。其实，看看他们的试卷就明白了：模糊的字迹、歪歪扭扭的行间距、过密的字距、脏兮兮的卷面。要知道，阅卷人相当重视第一印象。

为此，我们必须尽可能打造良好的第一印象。很多时候，第一印象是一把开启成功之门的钥匙，如果不予以足够的重视，很有可能功败垂成。

一次工作面试、第一封信件、简历的展示……无论是口头表达还是笔头书写，我们都应注重“首因效应”，努力保持良好的第一印象。

第一印象帮你加分

有时候，第一印象是获得他人认可的决定性要素之一。

的确，没有人是通过第一印象认人的。不过，如果连第一印象这一关都过不去，深入了解、甚至被聘用就更是无稽之谈了。

形象包括仪表、仪态、举止以及通过这些外在状态表现出来的个人气质、修养和风度。服装得体、仪容干净整洁，仪态端庄自然，表达清晰流畅、重点分明，懂得控制情绪、谦逊有礼，要展现出已准备好迎接挑战、在工作中不断学习的姿态。

有些人觉得，自然表现不是最重要的吗？我想友善地提醒抱有这类想法的人：你们在台前看到的那些光鲜亮丽、恣意随性之人，哪个不是台后苦练的结果？

给参加工作面试或公众场合演讲的你几点参考建议：

——至多提出 3 个有力观点。

——重复你的观点。

——论述关键论点时，用故事和事例增强说服力。

——适当使用口语。别说得天花乱坠，让听众觉得你在掉书袋。

——当别人提出异议时，不要表现得大惊小怪。

工整规范的书写

俗话说，见字如见人。在这里，我们谨提出书写的10条黄金标准供您参考：

1. 页白边缘：请留出上下左右各1.5厘米左右的距离。

2. 书写：

——每人都有自己的笔迹，做到清晰可辨即可，务必让阅读者一眼可识。

——不要把字写得过小。

——横平竖直，一笔一划都要写清楚。

——避免使用单词的缩写形式。

——所有字体倾向一个方向。通常可以稍稍向右倾斜或垂直书写。同一篇文章中不要随意改变文字朝向。

3. 工整平行：请将每一行字写平，平行于纸张页面的上下边缘。

4. 页面整洁：不要随意涂改。如果确实需要修改，用括号将错词括入，并用一条横线轻轻划去。例如：(错词)。

5. 逻辑连接词：在每一段的开头部分适当使用逻辑连接词。如果第一段的开头为“第一”，则后文中必须出现“第二”的字样。

6. 连词的多样性：不要过多使用“和”、“但是”这样的连词。

7. 对前文已用过的词做到心中有数：行文用词要多样化，根据上下文丰富词汇使用。

8. 文章体例要与内容紧密相关且结构紧凑。提出论点可以参考以下大纲：

——第一段：抛出中心主题。

——第二段：论证中心主题的第一条论点。

——第三段：论证中心主题的第二条论点（如果有的话）。

——第四段：论证中心主题的第三条论点（如果有的话）。论点最少一个，三个足够。

——第五段：用另一种表达方式，重申中心主题。

9. 颜色：纸张最好选用白色、奶油色或灰色。墨水请尽量选择深色，如黑色或蓝色。

10. 行文得体，看清对象、分清场合。

27

3个月、5步 练就正确拼写

拉蒙向我坦言，最近他总感到很焦虑：“我不知道自己能不能顺利毕业……因为我在单词拼写上老是犯错。”在一篇一页半的文章中，他的拼写错误竟然有86处之多。

我们从11月起开始正字法练习，到来年2月，拉蒙已经可以做到单词拼写完全无差错了。不仅如此，他还练出了一手好字，书写清晰工整。多亏了无懈可击的书面表达，他顺利通过了高考，现在已经是一所大学法学院大二的学生了。

时至今日，越来越多的年轻人不愿意受拘于正字法则，对拼写规范越来越不重视。要知道，正字拼写有时能起到决定性的作用，因为要想让别人理解我们表达的内容，语言沟通是唯一的方式。

很多人写字的能力越来越差，经常提笔忘字，错误百出——这与他们的所处的文化氛围、自身所受的教育程度、严谨的作风形成了强烈反差。“字如其人”仿佛也成了一句笑谈。现实社会中，这一日渐兴盛的价值观导向造成的不良影响，远比我们想象的严重得多。

因此，我们要在这里向您推荐一种高效的新方法，只需几步便可纠正错误的拼写。这套法则被称为“FAR”法则（3个字母取自神经学和教育学专业人士、儿童精神病学家D·弗朗西斯科·J·阿尔贝尔卡·卢比奥博士的姓名首字母）。该方法指出：

——一个人的所有不足，通过3到4个月的“FAR”方法训练，都可以完全得到纠正。

——“不足”没有轻重之分。每个人都有自己特有的不足之处，因此，“开方子”也需因人而异、对症下药。

——只有当大脑中存有单词书写的视觉形象时，才可能正确拼写单词。

——正字法法则不是万金油，它只对犯错不多的人适用。要确认每一个词的笔画书写是不可能做到的。

——读书对提升书写能力大有裨益，不足之处在于见效缓慢。有些人不怎么读书，单词拼写却非常漂亮。

尽管这套FAR法则可以面向全体学生使用，我们却更希望因人而异地展开练习，因为这样练字更易见效。

第1步： 表1

对自己在任何场合中犯过的书写错误做一个总结，将它们列在一张表上（让我们称之为表1）。写上正确的写法。将它们排成一列，除却专有名词外一律用小写字母表示。对于平日里自己拿不准的字词，也同样列入此表。

在将一个词列入表1前，我们需要找出另外一张纸，在上面仔仔细细地将这个词正确书写3遍，将注意力集中在手和笔尖的运动轨迹上，记住一笔一划的顺序。

第2步： 表2

如果我们在整理过程中，发现了重复错误的词语——也就是说，当你准备将一个词写入表1时，发现它之前已经出现过了——那么我们将它归入表2（位于表1的右侧）。因此，表2中呈现的是我们错过两次或两次以上的单词。例如：

表 1	表 2
面包店	找到
天使	面包店
物件	
找到	
研究	

第 3 步：针对遗留下来的难点单词

为了强化视觉记忆，将表 1 中的单词（如果表 2 中的单词超过 100 个，则只看表 2）写在一张 8 英寸大小的卡片上，并用红笔将自己错误书写的部分标出。在卡片的每一面写上 3 个单词。

天竺葵

与我一起

未知数

第 4 步：卡片复习法

这些小卡片易于随身携带，可以通过零碎时间复习来加强记忆。在运用 FAR 法则的 3 到 4 个月期间，重复运用卡片复习法。

第 5 步：使用助记符

如果在卡片复习法之余，仍有单词不易记住，那么我们可以使用助记符来帮忙——可别小看这些助记符哦，它们可以通过视觉记忆很好地帮助我们记住正确的书写。

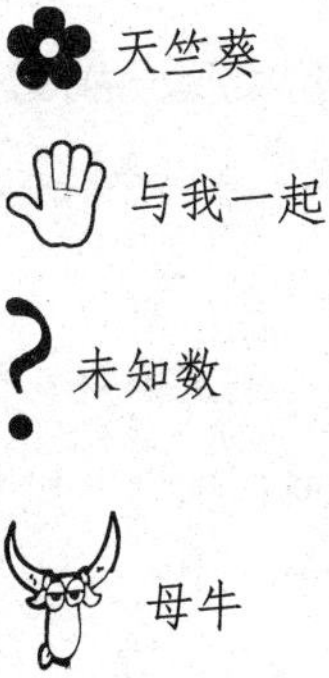

28

压力管理与放松训练

你简直不能想象，当恩里克得知儿子在考试中只拿到两点几分时的心情——他知道，就在考试前一天，儿子还能将课程内容背得滚瓜烂熟。实际上，孩子在面对考试时屏气慑息，坐立不安……甚至还产生肠胃不适感，呕吐不止。这类孩子渴望认真学习，也孜孜不倦勤勤恳恳；只是，不知道什么原因，攻苦食淡却总换不回应得的高分。考试像个魔鬼，吞噬了他们所有的学习激情。

尽管感受到些许压力对我们来说是有益的——压力是人类情绪的自然表现形式，可以转化为我们前进、专注和成功的推动力——这是放松状态所不能企及的。但是，压力若转变为过分焦虑，就成了一种负面情绪：它将我们的大量精力集中于尚未发生的事情上。我们会产生“腹背受敌”的感觉：手中现有的事没办法安心完成，而接下来要做的事又心中没底。

专注，是我们所说压力状态的对立面。

对此，我们可以用一句经久适用的俗语来说明：要来不及了，快帮我慢慢把衣服穿上（欲速则不达）。

也就是说，面对紧急关头，焦虑感倍增、必须准确无误地行事时（要来不及了），我们更应该学会放松心态、从容应对（慢慢把衣服穿上）。

此外，还要让孩子明白一个道理：恰恰在我们处于极大压力下、需要在纷乱的问题中准确找到答案时，大脑最需要得到充分的休息和放松。我们应强化自己的内心，保证饮食规律、睡眠充足，顶住外界压力，尽量使自己放松下来。

竞技场上，优秀的选手总是能够很好地在比赛前给自己减压。不这么做的话，很可能会名落孙山。他必须尽力驱逐脑海中不安的思绪，集中精力于自己渴望成功的心情。

不仅对于应考的学生，对于所有人来说，都一定会遇到一些重要的场合，我们坐立不安、心如火灼。而这时，如何控压就变得尤为关键。

让我们来看看减压的重要性吧：考场上，高压下的大脑会丢失一半以上的知识储备。

为了清楚地整理思绪，我们的大脑需要处于充分放松的状态。而要想能够“灵光一现”，大脑更加需要放松，因为所谓“灵光”只在两种情况下闪现：或者我们无所不知，或者我们因找不到最精确的答案，凭借记忆“翻箱倒柜”。此时，大脑必须处于最佳状态，同时避免一切干扰。

因此，在我们进行任何学习活动前，最先要做的就是进行情绪管理和压力应对。要知道，大脑越深度放松，我们学习和工作的效率也就越高。阿尔法脑波的频率为每秒 8—13 次，而在高压下，贝塔脑电波的频率可达每秒 13—40 次。①

开启减压阀

快速减压有不少好方法。我们这里谈论的，是一种迅速、有效且易于实施的方法，这样我们在紧急情况下——譬如，飞机起飞的瞬间，学校测验、公务员考试、工作面试、重要会议、公开演讲中等等——便不会过于惊慌失措。

① 当我们身体放松，大脑活跃，灵感不断的时候，大脑导出阿尔法脑电波；在紧张状态下，大脑产生贝塔波。

在这些方法中，本着实用和迅速起效的原则，我们推荐给所有的孩子、青年人和成年人以下的减压练习，通常只需 3 到 5 分钟便可完成：

——将与学习、测验或类似任务的所有相关材料放于桌面上。

——尽可能选择一处安静的场所。

——如果可能，将房间里的灯光关掉或调暗。

——将衣物调整到宽松舒适的状态：松开腰带，脱下鞋子、解开纽扣……

——整个人平躺在沙发或床上，或选择一种最舒适的姿势坐定。

——拉直脊柱。

——两只脚稍稍分开。

——双臂与身体分离。

——有规律地缓缓呼吸，深呼吸。

——伸展拉直四肢，从头至脚完全放松。

——把即将进行的学习或任务在脑海中过一遍。

——闭上双眼。

——平静匀速地呼吸。慢慢地，规律地呼吸。

——想象随着身体的收缩，压力被一丝一丝地抽离：从头部起，头发、面颊、眉毛……下颌骨开始放松，颧骨开始放松，嘴部肌肉完全放松；现在牙齿已不再紧紧扣合。你几乎感觉不到牙齿的状态了。

——肩膀下垂，仿佛它们卸下了千斤重担。

——感觉到双臂不断向着支撑物表面垂落。

——臀部完全陷入座椅中。

——双腿和双脚被地面牢牢支撑着。

——双臂和前臂保持平静状态，双手也是一样。

——驱逐一切杂念和烦恼。现在，只剩下完全放松中的大脑。

——周围再没有任何事物引起你的兴趣。

——想象平静无边的大海，你躺在沙滩上，身上覆盖遮阳巾。手臂的重量消失了，双腿的重量消失了，整个身体的重量都消失了。大海一遍一遍冲刷着沙滩，来来回回。

——当我们感觉身体放松下来后，想象在一块黑板上，错误的答案正被一点一点抹去。

——想想去参加的考试中或完成这项任务好的方面。相信自己可以做到最好。

——回味在这门课程的学习过程中愉悦的时刻。想象取得好成绩后，心中的那份满足感和喜悦感。

——信心满满地开始学习或进行测验。

第 14 章中提到的提升注意力的方法，也同样能起到不错的减压效果哦。

29

在重要考试前夕、考试过程中和结束后

高考前夕，我向哈维尔提出了一个建议。当年我的父亲，一名儿童心理学家，也是这样建议我的。

整整一个下午，不去看书，在游泳池里尽情放松。之后，读会儿书，吃晚餐，睡个好觉。第二天早上起床，精力充沛，告诉自己考试一定会顺利通过，即使不通过那又如何——不通过再说不通过的话呗。如果你已经尽了人事——该复习的都复习到了——那么就听天命吧。你只需要带上文具和一颗清醒的头脑奔赴考场。拿到试题，你自然就会知道应该怎么做。你唯一可能出现的敌人就是紧张的情绪和突然阻塞的思路，其他所有一切你在考试前很久就已经搞定。带着一颗平常心去考试，让大脑与试题碰撞、尽情翻滚——你将毫无悬念地获得你应得的成绩。

参加考试、接受采访、主持会议……任何一次我们希望获得良好结果的“测试”，我们都应好好准备、从容应对，将其当作人生中又一次宝贵的成长经历。

考试前夕

——确保有充分的时间将所学内容从头至尾学习一遍，并至少通篇复习两到三遍。

——面对一场重要的考试，建议复习到考试前一天的晚餐时间。晚餐后早点休息，保证睡眠时间 8 小时以上。

——如果这场“考试”尤为关键且难度较大（例如公务员录用考试、公众演讲、高考等），复习时间持续到考试前一天中午即可，之后的时间请尽可能放松，不要再给大脑增加额外的负担。最好什么也别看了，选择散散步，或者与朋友一起游游泳吧。

——平日学习和考前复习时，可以想象自己置身考场中，这样可以使心理提前适应，尽可能减少陌生环境和紧张情绪带来的冲击。很多时候，我们产生的焦虑感和压力来自对新环境的不适应。置身于一个从未去过的地方会使我们害怕面对、担心失败。适当地设身处地地想象——尽管细节上会有出入——能使我们将来更快地适应陌生环境。

——永远不要在考前的一刻还死抱着书不放。这样会给大脑错误的信号，给自己平添压力，同时让大脑在可能蹦出正确答案的时候突然短路。这么做，有点像在翻搅贮水池——考试前的大脑就像一方池水，只要不胡乱搅动，记住的知识沉淀在池底，水质清澈见底。考前几个小时，新增加的问题越多，水面的平静状态就越容易被打破。要知道，大脑是靠逻辑思维运作的，考试中我们需要条理清楚地整理思绪。考前最后一刻的复习正是考试中大脑正常运转的天敌。

考试进行时

——运用前几章中介绍的方法，试着让自己平静下来。充分利用周围的环境（调暗灯光、调整身体姿势……）。

——永远相信第一直觉。要知道，看到问题后大脑中最先浮现的答案——尽管你不够确信——往往就是正确答案。

——如果我们需要从多个选项中选出正确的那一个，千万别忘了，第一印象也是很中肯的。考试中我们常常会怀疑自己的选择，总觉得哪里不对，怀疑另一个选项才是正确答案。其实，这只是紧张状态下的大脑释放的烟雾弹而已——要知道，如果你选择了错误的答案，心中的质疑只会更大声。

——每道题都一定要作答。

——开始正式做题前，浏览整个卷面，估算每一部分需要花费的时间。作答时不要超过预估的时间。

——时刻牢记之前我们提到的名言：要来不及了，快给我慢慢把衣服穿上。谨慎作答，但不要停下手中的笔。

——无论笔头书写还是口头表达，都不要掉以轻心。

——作答之前，先打腹稿。

——当我们想不起答案时，告诉自己：

——答案我是知道的，只是一时记不起来了。

——咻……平静一点，我马上就能想起来了。

——试着从其他问题中获取答案，看看能否找到蛛丝马迹。

——永远别交白卷，也不要认为自己什么都不知道——我们或多或少都可以通过推测写出点什么。也许“优秀”与“良好”的差别，就在这道多写了两句话的题目里呢。

——最糟糕的情况也就是得零蛋，然后地球难道就不转了吗？只要我们肯继续学习，就永远有可能将一切推翻、重新开始。

考试结束后

把考试成绩抛到脑后——直到出榜的那一天。完全没有必要去对答案，你迟早会知道正确答案的嘛。如果我们认真复习过，那么我们能做的，就是尽可能在考试中发挥到最好。这样一来，我们也就都尽到了自己的责任。我们应该为这样的自己叫好，既然已尽人事，那么剩下的就交给阅卷人，听天命吧。

分数出来之后，有两种可能：考得好的话，好好休息休息；考得不好，也需要好好休息，这样才能在下一次机会来临时做好更充分的准备。

30

勿用透支健康换成绩

弗朗选择喝咖啡来在考试中保持头脑清醒。可是，在一次公务员录用考试中，他稍微喝多了一些（只是咖啡泡浓了一点而已），造成的可怕后果却让他至今记忆犹新：排山倒海的倦意向他袭来，与此同时，尽管大脑仍在不停地提醒他：保持清醒，赶紧答题！可一切为时已晚：他的身体已经不再受自己的控制，在与疲倦的抗争中他感到如此的沮丧无力。

一些研究机构认为，至少45%的男性和60%的女性在学业中没能通过良好的训练有效提升大脑的运转机能。

学习过程中，适当地给大脑“充氧”是很有必要的。做一些运动来刺激大脑、适当地分散注意力，让大脑“喘口气”，才能在接下来的学习中拥有更高的效率。H·马多克斯在下表中列举了几项常见运动的卡路里消耗数值：

以每小时4公里的速度步行	250卡路里/时
跑步	800卡路里或更多
骑单车	700卡路里
跳舞	300卡路里
打高尔夫	300卡路里
打网球	400卡路里
踢足球	500卡路里
划船比赛	1 000卡路里
游泳	500卡路里或更多
爬山	800卡路里

保证充足的睡眠

经过一整天的运转，大脑已疲惫不堪。睡眠能够使大脑得到适当的休息。给大脑充分的睡眠调整时间，直到我们感觉身体完全得到放松。睡眠不足极容易导致学习和工作上的失误。大脑状态越好，效率就越高、产出也越可观。睡眠可以让身体：

——排出一天中产生的毒素；

——修复白天的身体组织损耗；

——恢复体力。

实验证明，长时间得不到睡眠补充的小动物，会很容易死去。保证睡眠时间是大脑自我清理的必要过程。

酒精的危害

酒精会导致心理机能失调，甚至对人体各器官造成损害。

即使只是小剂量地饮酒，也会直接影响中枢神经系统——酒精不仅会影响到大脑，而且会削弱人体整个中枢神经系统的正常运作能力。

大脑高级中枢掌管着情绪的表达，控制着神经冲动，同时，它控制思维，拥有自我审视的能力。摄入酒精最先摧毁的，就是这道思维控制的防线。

小酌几口之后，人会产生一种舒适的飘飘然感，对酒友产生奇妙的好感，自信感突然爆棚，平日里羞涩的性格也不见了。舌头开始不听使唤，我们语速加快，开始高谈阔论，而且丝毫不加掩饰地议论别人的缺点、表达自己的厌恶。

酒过三巡，有些人开始无理由地勃然大怒，或嚎啕大哭，甚至发生酒后乱性的行为——这一切都是因为大脑中枢神经已然失去了控制。

因此，尽管有些酗酒者认为，喝酒可以使他们体验刺激的快感，但实际上这一切都源自自我评价能力的丧失。酒精产生的真实效力，是降低人体大部分肢体和思维功能。

颇受争议的烟草

乍看之下，烟草对于工作的直接影响微乎其微。然而，一项来自美国的研究报告指出，那些不吸烟的学生往往能够取得更好的成绩。当然了，影响学业的因素很多，也可能那些学生取得好成绩与不吸烟并没有任何直接联系。不过，吸烟者往往更善于社交，也许用来学习的时间会因此更少一些。

适度摄入咖啡因

具有刺激功效的咖啡因无处不在：茶、咖啡、可可……如果摄入量适中（65 mg 至 260 mg），可以很好地激活脑细胞；但如果摄入量过多，则可能会让人产生颓废无力感。超过 400 mg 的咖啡因会极大程度地降低睡眠质量。

人不会因为摄入咖啡因而变得更聪明，它只能帮助我们保持头脑清醒，使我们面对问题时反应更加迅速。但是一定要注意，大剂量的咖啡因会严重干扰睡眠和正常休息——而休息调节对大脑来说是尤为重要的。

其他药物作用

时至今日，很多孩子为了取得好成绩，去服用一些兴奋类或麻醉类药物。这些药物对大脑和身体都会造成不同程度的损害，很多孩子甚至已经对药物形成了依赖性。

举例来说。大麻具有“压制性”，它会延迟大脑的反应时间，损害四肢活动的协调性，使人产生强烈的睡意。对开车者来说，大麻的危害比起酒精简直有过之而无不及。和酒精一样，产生快感之后就会出现强烈的疲乏感。同时使用大麻与酒精，会使人具有强烈的攻击性，变得粗鲁、张狂。

与此同时，这类药物的其他成分会在脑部、肺部和性器官细胞中累积，无法排出体外。

小结

人体的身体和大脑紧密相连，身体状况的变化直接影响到思维效率的高低。

不定期坚持运动，或服用药物不当，均会使大脑机能不同程度地受损。

31

选择专业的建议

安赫尔是个聪明伶俐的孩子，不过最近有件事让他很无法抉择：选文科还是选理科？

“我理科成绩不错，但就兴趣而言，我更想今后以文科职业为生。”

就他的情况而言，选择任何一科都有足够的理由，因为在他看来，总有一科更适合自己，他要做的，只是在两颗胜利的果实中选择一颗罢了。

青年人应趁早对自己的未来生涯形成规划。选择时要拿出成年人的范儿来，有理有据地分析、一旦决定便不后悔。有些人认为，迈入大学门槛或进入工作岗位后再进行思考和选择会更可靠，事实上却并非如此。

作为家长，应该在孩子的成长过程中有意识地多创造条件，让孩子们发掘自身潜能，帮助他们感知自己的强项和兴趣点，今后愿意投身于什么职业，这也是帮助孩子成长的最佳方式。当孩子心中方向已定时，多与孩子沟通交流，提供有效信息，在出现机遇时引导他们迎难而上。

父母们要清楚，引导孩子寻找内心方向的最佳时间，不在面临选择专业或就业的前几个月，而应在几年前就循序渐进地铺展开。选择应该是一个循次而进的过程，而非一次临时抉择。要知道，这个选择与孩子的后半生息息相关。

选择专业时，一定要遵循孩子内心的方向，选择让他们感到快乐的专业、让他们感受自我提升的专业、他们真正擅长的专业。

就业率指数并不是一个决定性因素，因为这个风向标每 4 到 6 年就会发生转向，而孩子从入学到毕业也恰恰需要这么长的时间。

同样的，对专业课程设置也不必过于苛求。与孩子今后人生中长长的几十年来说，区区几年的课程时间真的不算什么。

我们需要认真考虑的，是孩子的天赋和兴趣在哪，他们渴望去做什么，动机是否足够强烈，个人能力能否胜任这份工作，韧劲是否足够。

这个社会需要什么？

当今社会，最欢迎的是专业能力扎实的新人，他们初入职场，带着很强的创新能力，有韧劲，能适应工作中遇到的变化，有能力自己组建团队，有坚定的决心和乐观的心态，胸中有持续向上的驱动力。

年轻人最受欢迎的特质有：

——不囿于书本知识，实践经验丰富。

——团队意识强，拥有良好的自我控制能力，有领导者的风范，有过人的情商。这几点比仅仅拥有优异的成绩有用得多。

——抱有终身学习的劲头。我们从开口学说话开始，就在一直不停地学习。要抱着“活到老、学到老”的心态，把这股劲用在今后生活的点滴中。

就像我们的小爱因斯坦那样。

爱因斯坦名言集锦

我们所有人都是愚昧无知的。区别在于，不是所有人都在同一个地方被蒙住了双眼。

决不要把你们的学习看成是任务，而要当成一个令人羡慕的机会。为了领略知识的美妙与神奇，去学习。

若要另辟蹊径，就别拾人牙慧。

人生是一场危险的游戏。我不是说那些作恶的人，我是指那群冷漠的看客。

只有两种东西没有极限，一是宇宙，一是人类的愚蠢；对于前者我还不太确定。

成熟的重要标志就是，我们关爱他人胜过关爱自己。

好好地活着，学会去爱。唯有对别人心存关爱，生活才有意义。

有一种比蒸汽、电能、原子能更为强大的原动力，那就是人类的意志力。

度过人生有两种方式：一种是仿佛没有什么事情是奇迹，另一种是仿佛所有事情都是奇迹。我信奉后一种方式。

我们不能用制造问题的方法去解决问题。

一个无法对世界充满好奇、对生活充满热情的人，他已经死去了，因为他的双眼是合上的。

不要努力成为一个成功者，要努力成为一个有价值的人。

人类每打开科学的一扇门，都能遇见上帝。

任何时候当有人问我:“什么武器能强大到抵御原子弹的袭击?”我的回答都是:和平。

这个世界难以完美的原因,不在于作恶之人,而在于姑息纵容。

每一天,我们知道得更多,却理解得更少。

想象力比知识更重要。

自然法则不存在随机性。上帝不会掷骰子。

这是一个多么可悲的时代!我们可以分裂一个原子,却无法化解偏见。

如果你决心讲述真相,就把体面留给裁缝。

一场听不到任何不同声音的研讨会,注定是一场失败的研讨会。

照亮了我的道路的理想自始至终都是真、善、美,它们一次又一次给了我欣然面对生活的新勇气。

我们所能经历的最美好的事情是神秘，它是所有真正的艺术和科学的源泉。

为什么我们拥有了如此卓越的科技，省时省力又省心，却不容易使人心生快乐？答案很简单：因为我们至今仍未能学会有节制地利用它。

人类共同面临的问题，不在原子弹，而在他们的内心。

举例说明是使人信服的最佳方法，没有之一。

如果我的相对论被证明是正确的，德国人就会说我是德国人，法国佬会说我是一个世界公民。如果我的相对论被否定了，法国佬就会骂我德国鬼子，而德国人就会把我归为犹太人。

如果你无法向你的祖母清楚地解释你的想法并且让她理解，一定是你对这个问题的掌握还有所欠缺。

爱情里，强扭的瓜不甜。战争中，失爱的武力不过是无谓的能源消耗。

金钱装在口袋里，智慧却装在自己脑袋里。

只有为别人而活的生命才是值得的。

我坚信，在这个世界上，财富不能使人类进步。世界需要永久的和平和持久的善意。

只要数学的命题是涉及实在的，它们就不是可靠的；只要它们是可靠的，它们就不涉及实在。

教育就是忘记了在学校所学的一切之后剩下的东西。

人从大自然万物万有那里获取的无穷乐趣，是上苍馈赠给人类的最完美的礼物。

态度上的弱点会变成性格上的弱点。

只要还有不幸的孩子们，进步这个词就没有任何意义。

过去、现在与未来的区别只是一种固有的幻觉。

鱼对于它终生都在其中游泳的水又知道些什么呢?

如果你不能简单说清楚,就是你没完全明白。

认为自己及同类的生活没有意义的人不仅不幸,且几乎没有活着的资格。

民族主义是婴儿病,是人类文明的麻疹。

只要你有一件合理的事去做,你的生活就会显得特别美好。

大部分科学的基础观念本质上其实很简单,只要用文字语言就可让任何人都明白。

提出问题比解决问题更重要。

我们的未来尽在现在的自己手中。

如果不能理性地思考,就哪里也到不了。

任何事情都应该尽可能做到简单,简单到不能再简单。

上帝难以捉摸,但并不心怀恶意。

在科学思维中常常伴着诗的因素,真正的科学和真正的音乐要求同样的想象过程。

言论自由和书面发表政见的自由也是政治自由中的一个部分,尊重个人信仰是宽容的一部分。

科学中的基本概念和基本原理,都源于人类思维的自由创造。

任何一个有智力的笨蛋都可以把事情搞得更大,更复杂,也更激烈。往相反的方向前进则需要天分,以及很大的勇气。

万有引力可无法对坠入爱河的人负责。

我想知道上帝的构思,其他的都只是细节。

现实只是一种幻觉,尽管它持久稳固。

只有从自我解放出来，一个人才能算真正地活着。

那些试图从来不犯错误的人，永远也不会尝试新事物。

伟大的思想常常遭到庸人的强烈反对。

创造的秘密是知道如何隐藏自己获得它的来源。

上帝从不为我们那些数学难题而费心。他信手拈来，将万物合一。

科技进步就像病态罪犯手中握着的斧头。

和平不能靠武力来维持，只能依靠相互理解。

你不能用跟制造问题的思维相同的思维去解决问题。

不要担心你在数学上遇到的困难；我敢保证我遇到的困难比你大得多。

如果A代表一个人的成功，那么A等于x加y加z。勤奋工作是x，

y是玩耍，而z是少说多做。

这个行不通……用化学和物理怎么能解释初恋这种生物学现象呢？

原子武器的发明改变了我们除思考方式外的一切……解决这个问题的办法存在于人们的内心。如果早知道会这样，我情愿成为一个修表匠。

人们为了考试，不论愿意与否，都得把所有这些废物统统塞进自己的脑袋。这种强制的结果使我如此畏缩不前，以致我在经历过应试教育最后一场考试后，有整整一年时间对科学提不起一点兴趣。

把人们引向艺术和科学的最强烈的动机之一，是要逃避日常生活中令人厌恶的粗俗和绝望的沉闷，是要摆脱人们自己反复无常的欲望的桎梏。一个修养有素的人总是渴望逃避个人生活而进入客观知觉和思维的世界。

不是所有有价值的都能被计算，并且，不是所有能计算的都有价值。

(这句话被挂在爱因斯坦普林斯顿大学办公室的墙壁上)

换一种方式与孩子相处（译后记）

翻开 2011 年西班牙亚马逊教育类销售排行榜，《你的孩子也能成为爱因斯坦》一书赫然位列榜首。这是作者的第 9 本书，仅在西班牙一国便售出45 000册，如今已进入第 12 印。作为这一年名副其实的畅销书冠军，这本育幼书在短短数月内横扫亚马逊及尼尔森（Nielsen）非文学类图书排行榜，使“学习方法的革命”成为热门话题，并在世界范围内迅速发酵，引发巨大轰动。如今，这股“革命”之风从欧洲吹到了中国。

当美国人不断在学生耳边宣扬“you can do it!”时，这位西班牙教育者清醒地提出，这样做实际上混淆了“鼓励”与“鼓舞”，令孩子变成众人瞩目的焦点——害怕失败，加上自我诘问与左右摇摆，使他们更加焦虑。费尔南多指出，教育者应当通过言行帮助孩子找准定位，使他们确信“自己有能力做成一些大事”，并放手让他们自由发现和探索。过度保护不是爱，要让孩子在攻克障碍的过程中积累经验与自信，逐步成长为一个乐观豁达、自觉自立的人。

在中国，如何正确鼓励孩子同样是一个饱受争议的话题。“惩罚性教育”在学校普遍存在——罚站、罚抄、罚跑——由此造成了孩子惧怕失败的心理：他们裹足不前，不敢涉险，将考试看作学习的终点，学习动机发生偏差。这就是为什么孩子总是在考试结束后立马将知识忘个一干二净的原因。而孩子身上其他的重要特质，如创造力、进取心、决断力，却在日复一日的机械学习中逐渐消磨。家庭教育往往“简单粗暴”，父母忽略了从精神上关心孩子，尤其是与孩子进行平等的沟通。不少家长唯分数是瞻，孩子被不断拿来与其他的孩子作比，让孩子产生了消极逆反的心理。是到了我们关注学习方法、提升学习效率的时候了。

《你的孩子也能成为爱因斯坦》的作者费尔南多·阿尔贝卡是西班牙著名教育专家，教育部促进阅读委员会成员。他曾在多地教学，如今在科尔多瓦开设了一所特别教育中心，在接受家庭关系咨询、解读学业成绩和孩子行为的同时，继续开展教学活动。他还为许多大报纸撰写育幼专栏。在长期的实践中，他摸索出这套行之有效的教育方法，并一语震惊教育界：“通过学习孩子才会变得更聪明，而不是特别聪明的孩子才能学得好。”

作者指出，爱因斯坦不是天才，在进入青春期之前一直是老师眼里的问题学生。他不仅智力发育迟缓，没有出色的成绩，还曾被劝退回家……但是，他最后却成为全世界最杰出的科学家之一。爱因斯坦、爱迪生、丘吉尔、毕加索以及乔布斯都曾一度被认为是“坏学生”，是遇到合适的老师、恰到好处的激励、自主的学习动机、满满的自信和关爱共同造就了后来的他们。

《你的孩子也能成为爱因斯坦》从老师和家长的重要性谈起，通过益智游戏、记忆训练、图示分析、心理测试、同龄人真实故事等，深入浅出地阐述了锻炼左右大脑的方法，解释了提高记忆力的法则、高效阅读的步骤、减缓压力的手段、创造力的培养与激发等等父母关心的话题。书中给出许多简单而又实用的操作办法——制作小卡片、列提纲、划分层次、巧用速记符号，等等——阐释了如何有效激发孩子的智慧，通过简单的练习提升他们的 IQ。同时，它带领父母走进孩子的内心世界，缓解不同年龄段孩子与父母间的紧张关系，通过父母和孩子的通力合作，帮助他们建立起一个快乐交流的平台——让孩子自主学习、创造性学习、带着热情去学习。

世界上存在着千千万万个“小爱因斯坦”：他们也许古灵精怪，聪明爱玩，但学习上却总“提不起劲儿”。这本书的目的，在于告诉那些自认为失败的孩子们，通过实实在在的努力，你极有可能变成你想要成为的那个人；同时也提醒仍处于迷茫中的父母们，也许通过换一种方式与孩子相处，您的孩子可以迸发出惊人的光芒。“所有的孩子都有潜力成为天才。我们只需要适当地激发他们，来发展他们的潜力。”《你的孩子也能成为爱因斯坦》正是你想要找的这么一本书。

作为一名西语学习者和编辑，能够将这本学界饱受赞誉之作呈现给中国万千父母，我深感荣幸。同时，我想感谢本书的责任编辑，作为一名资深出版人，她不断给予我鼓励和帮助，并对译稿提出了不少独到而中肯的意见，使我受益良多。

愿这本小书成为您与孩子沟通的一座桥梁，消弭烦恼，开拓思路，在孩子美好而富有挑战的成长历程中一路相随。

金薇

2014 年 5 月